顺势而为

风险市场的生存之道

陶永谊
著

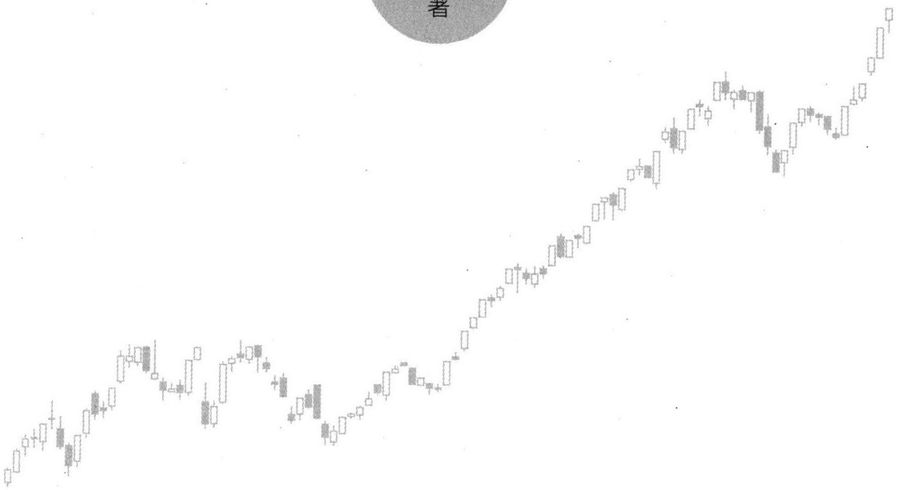

中国财经出版传媒集团
中国财政经济出版社

图书在版编目（CIP）数据

顺势而为：风险市场的生存之道 / 陶永谊著. —北京：中国财政经济出版社，2018. 1

ISBN 978-7-5095-7587-1

Ⅰ. ①顺… Ⅱ. ①陶… Ⅲ. ①股票投资-市场风险-风险管理 Ⅳ. ①F830. 91

中国版本图书馆 CIP 数据核字（2017）第 269578 号

责任编辑：张怡然　　责任校对：杨瑞琦
责任印制：刘春年　　版式设计：丁丁图文

中国财政经济出版社出版

URL：http://www.cfeph.cn

E-mail：cfeph@cfeph.cn

社址：北京市海淀区阜成路甲 28 号　邮政编码：100142

营销中心电话：010-88190406　北京财经书店电话：010-64033436

北京时捷印刷有限公司印刷　各地新华书店经销

787×1092 毫米　16 开　16.25 印张　181 000 字

2018 年 1 月第 1 版　2018 年 1 月北京第 1 次印刷

定价：42.00 元

ISBN 978-7-5095-7587-1

（图书出现印装问题，本社负责调换）

本社质量投诉电话：010-88190744

反盗版举报热线：88190492　88190446

目　录

绪 论

相对于国债和定存这些固定收益的投资，股票市场、大宗商品市场以及各种金融衍生品市场，充满了风险和不确定性，如何在险象丛生、风云变幻的风险市场中生存下来，并取得稳定的收益，是每一个交易当事人必须修炼的功课。

自从离开证券行业之后，笔者重新拾起已经放弃多年的经济学理论研究，逐步淡出资本江湖。本以为投资从此仅仅是个人的兴趣，即使是在亲朋好友之间，也不再谈论股票，更没有心情去写一本有关股市投资的论著。

不过在很多时候，人生并不是按照自己的设想来安排的。为了宣传“互利”的学术理念，在朋友的建议下，笔者于 2011 年开通了新浪微博。可能是出于证券分析的职业习惯，在行情判断出现较大分歧的时候，经常会发表些随机感想，而股市评论显然比经济理论的探讨更受博友关注，结果是“喧宾夺主”，每日《互利经济学》的研究心得，逐步让位给每日股评。天天追踪行情的涨跌，看一些正面或负面评论，其实是笔者一直想摆脱的生活。但做股评有一个意想不到的收获，关注笔者学术著作的人开始多了起来，这样一来，无论是出于“互利”的理念，还是出于感恩的情结，完全无视博友们提出的要求——写一本关于股市投资的书，就多少有些不近情理了。

本书是写给一般投资者阅读的，所谓“一般投资者”，是指那些无法获得上市公司内部消息，所持资金量又不足以影响股价的投资人。他们只能通过图表分析和众所周知的公开信息来制定投资策略。如果你恰好就是他们其中的一员，那么，阅读此书也许会对你有所帮助。

笔者说“也许”，并不是出于自谦。投资领域通向成功彼岸的路径有很多，市场的宽广度足以容纳各种不同风格的生存模式。在成功者中，有选择优质公司，逢低买入并长期持有的巴菲特；有利用制度设计缺陷，寻找泡沫破灭时机，伺机做空的索罗斯；还有在不同类型股票中不断挖掘潜在机会的彼得·林奇……我们不能说哪一种投资模式是绝对正确的，更不能断言登上成功顶峰的路径只有一条。事实上，成功的经验都是难以简单复制的。以人所共知的巴菲特为例，他的投资理念可谓深入人心，寻找优质的公司，买入并持有，在美国和中国都可以找到成功的案例。但是，人们往往忽略了一个事实，这种投资方式，只有当一个国家的资本市场处于长期上升趋势时才可以奏效。打开道琼斯股票指数图我们就可以看到，美国自 1929~1933 年大危机之后，道琼斯指数沿着一条稳定的上升通道运行，2007 年爆发的金融危机，只是暂时中断了这一进程，在美国政府的救市措施下，道琼斯指数很快又重拾升势，并再创历史新高。这背后的原因不是本书探讨的主题，笔者只是想强调一点，并非所有的国家或地区都这么幸运，以日本和中国台湾为例，自 20 世纪 90 年代初资本市场的泡沫破裂后，截止到今天已经过去了整整 27 年的时间，其间市场跌宕起伏，但从来没有超越 1990 年市场崩溃的顶点，而且至今也看不到超越的希望。问题在于，对于个人投资者来说，有多少个 27 年可以等待？放眼全球股市，你就会明白，为什么全世界只有一个巴菲特。我们都知道，索罗斯是以寻机做空而闻名于世的，他一生中最经典的战例，就是 1992 年狙击英镑和

1997 年做空泰铢，巴菲特和索罗斯显然属于两种完全不同的投资风格，但他们都同样成功。究竟以哪一种模式作为投资的楷模，取决于每个投资者的性格禀赋和风险偏好。虽然中国很有可能成为下一个世界潮流的引领者，但并不能因此排除其他投资模式的合理性。况且，新技术革命有可能打破所有的技术壁垒，给资本市场带来新的特征。

也许有的读者会问，在所有这些成功的经验之间，有没有某种共同的地方呢？笔者也曾经问过自己同样的问题。经过长期比较，笔者发现，不同的投资风格之间有一点是不谋而合的，即他们都是在寻找价格运行的两个极端，巴菲特的投资风格是寻找在市场恐慌中价值被低估的股票，买入并长期持有；而索罗斯的投资策略则是在市场疯狂中发现价值被高估的标的，寻机做空。也就是说，成就巴菲特和索罗斯骄人成就的共同原因，其实是股价的极端变动。

那么，股价的这种极端变动又是由什么来决定的呢？有一种普遍流行的观点，认为股价是宏观经济的晴雨表，按照这句话的字面意义来看，股价与经济属于单向的因果关联，经济变动是因，股价变动是果。但人们在说这句话的时候，往往还要再补充一句：股价变动通常会领先经济变动 3~6 个月的时间。作为结果的股价变动怎么会领先于作为原因的经济变动，这似乎缺乏有说服力的解释。而且，从实证的角度出发，股价变动与经济变动之间似乎并不存在一一对应的因果关系，下面是中国自 1990 年至 2015 年的经济增长率示意图与沪指走势图（见下页）。

从两张图的对比中我们看到，经济增长率变动与股市涨跌之间似乎有另外一套机制在发挥作用。从 1993 年开始，中国经济增长率开始从峰值下滑，这个过程一直持续到 1999 年，然而中国股市却在 1994 年见到阶段性低点后，一路震荡盘升，在 2001 年才见到阶段性高点，这个时候

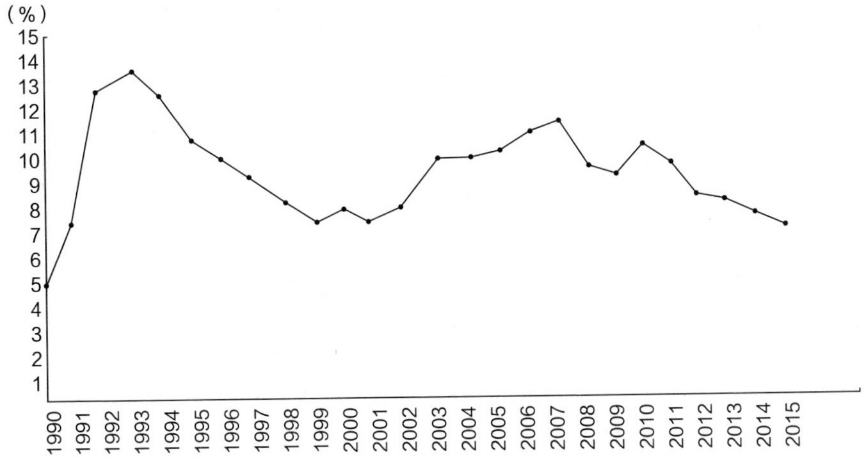

1990~2015 年中国经济增长率（GDP）示意图

1990~2015 年沪指走势图

中国经济增长率见到的是阶段性低点，两者基本上是相向而行。从 2002 年到 2004 年，经济增长率连续回升，中国股市反而一直向下调整，到 2005 年 6 月才在股权分置改革的推动下启动了一波大牛市。自 2009 年至 2016 年，中国经济增长率又开始逐年下滑，但这并不妨碍中国股市在

2013年到2015期间发动一波牛市行情。这就引发了一个问题，形成股市牛熊转换的内在动因究竟是什么？或者换句话说，成就巴菲特和索罗斯的价格极端运动的市场机制是什么？笔者在本书第一章会给出一个与新古典市场理论完全不同的解释。

传统的技术分析企图通过历史统计数据，找出价格变动的规律，笔者曾经用了长达二十多年的时间，潜心研究各种技术分析工具，虽然也经常可以做出“准确”的预测，但终究是困惑多于笃定。面对错综复杂的市场变化，我们经常是在“赌”某一种可能实现的概率。传统技术分析的三大假定：一、股价是按照趋势运行的；二、股价变动包含了所有信息；三、历史会不断重演。经过多年的实践，有时甚至是经过惨痛的教训，笔者对其中的第二条和第三条存有疑问。所谓股价包含了所有的信息，是什么意思呢？是仅仅包含过去的信息，还是也包含未来不确定的信息？如果是前者，这就涉及一个打破“三观”的话题，我们可以从过去推导未来吗？至少迄今为止，所有利用历史数据做趋势外推的做法，成功率都不能令人满意。如果股价包含未来的信息，那又如何解释，在突发消息面前股价出现的剧烈波动呢？美国长期资产管理公司（LTCM）根据大量历史数据，建立起一套以“收敛交易”为特色的对冲模型，在公司成立之初的两年内，业务做得风生水起，效益也令人刮目相看。但在1998年亚洲金融危机来临时，LTMC模型预测，发展中国家债券与发达国家债券之间的利率差过大，两者之间的差距将会出现收敛。LTMC的应对策略是，买入发展中国家的债券，沽空发达国家的债券，做收敛对冲交易。但事实却朝着LTMC预测的相反方向演变，随着危机的恶化，投资者纷纷从发展中国家的债券市场退出，转而持有信誉较好的美、德等发达国家的债券，发展中国家的债券与发达国家的债券利差不但没有收敛，反而发散得更加剧烈。LTMC 动用高达 60 倍的杠杆所做的收敛对冲，结果是两头都做错了方向。在短短 5 个月的时间里，资产净值下降了 90%，出现 43 亿美元的巨额亏损。最后，不得不由美联储出面，联络美林、摩根等 15 家金融机构共同接管了该公司，以避免破产清算的命运。这个案例引申出另一个疑问：历史会重演吗？这个假定的真实含义是：人性不会随市场的发展而改变。当同样的博弈格局出现时，人们的反应模式不变，因而类似的走势会重复出现。如果这个假设可以成立，意味着人类总会重复过去的错误，并且不会从以往的失败中吸取教训。然而，回顾中国股市发展的历史，我们很难找到这一假定的佐证，股价形态无时不在演进之中，总会出现人们意想不到的变化。如果拿固定的书本模式去套，经常会感到无所适从。

在笔者看来，传统技术分析的三大假定，只有"股价是按照趋势运行的"这一假设难以撼动。毕竟，股市虽然变化无常，但趋势运行还是十分明晰的。只要看一下股票指数图，以及绝大多数个股的走势，我们都可以看出明显的趋势特征。只不过传统技术分析并没有告诉我们趋势形成的机制是什么，它是如何自我强化和自我偏离的。对于趋势的认知，大部分投资者仅仅停留在概念化的理解上，在实际操作层面，依然存在着诸多疑问有待解决。笔者通过二十多年的摸索，总结出了一套测试趋势的方法。这套方法与传统测市方法的不同之处在于，它不仅将预测的时间点提前，而且提供了可以测量的检验标准，从而为系统的改进留下了空间。在现有的认知基础上，通过不断地检验和改进测市的方法，可以逐步减少系统的观测盲区，不断提高测市的准确率，与资本市场共同成长。有鉴于此，欢迎每一位阅读本书的朋友在实际应用中对这套系统提出进一步的改进意见。

Chapter 1

潮起潮落终有因

——趋势形成的机制

传统的技术分析方法，不管是道氏理论、波浪理论还是K线理论……都认同“股价是按照趋势运行的”这一假定，并且试图通过各种工具来捕捉趋势的变化。只是上述种种理论，对股价的趋势运行仅仅提供了一个先验的事实认定，至于趋势形成的内在动因以及上升趋势与下降趋势之间的转化机制，则缺乏有说服力的解释。问题在于，如果对趋势运行的认知仅仅停留在“知其然而不知其所以然”的层面，就无法进一步探究趋势运行的规律，在风云变幻的资本市场中，依然会迷失方向。从这个意义上讲，探寻市场趋势形成的机制，是每一个入市者必须面对的课题。

1.1 趋势的起源

当我们谈到股价按趋势运行时，是指股价的运行轨迹具有方向性、持续性和通道性特征。我们知道，在现实世界中，任何物体要形成具有方向性的运动，必须对其施以相对于其体量的足够推动力，作为市值动辄以万亿计的股票市场，要形成具有方向性、持续性和通道性的运行趋势，背后一定隐藏着某种强大的动力。那么，这个动力来自何处？造成其持续发生作用的原因又是什么？要回答这个问题，我们不得不回到股票价格形成机制的源头。

股票市场价格的形成，与商品市场价格形成出于同样的逻辑，价格的高低是由供给与需求的比例决定的。如果在一个价格区间，买入量大于卖出量，股价就会上涨；在一个价格区间卖出量大于买入量，股价就会下跌。这一点并不难理解。需要对此做出解释的是，如果股价维持趋势性的上涨或下跌，就意味着在一个相当长的时间内，会持续出现买盘大于卖盘，或卖盘大于买盘的情况。这种情况需要有持续性的资金或股权的流动为先决条件。为了便于读者理解，我们做一个比喻，假定股票市场是一个资金的蓄水池，股票的价格就是这个水池中的“浮标”，如果池中的水位保持不变，即使水面有波动，浮标的位置只会在一个相对稳定的区域内起伏，不会发生太大的变化。要使“浮标”的位置持续提升，就需要向资金池中持续地注入“水量”，即我们通常所说的“水涨船高”。反过来说，如果资金池中的“水量”持续减少，作为“浮标”的价格也就会不断地降低。从这个视角来观察，股票价格趋势的形成，在于假定股权供给不变的情况下（如果有股权的扩容，需要将扩容的增量抵消），外部资金对于资本市场是净流入还是净流出。于是，紧接着的问题是，资金为什么会持续地向资本市场流入或流出呢？这就涉及资金跨部门转移的形成机制了。

资本是要追逐利润的，在一个封闭系统内，能给资本带来利润的市场，无非是这样几个领域：股票投资市场、固定收益市场、大宗商品市场、实体经济领域（为了叙述的方便，我们将房地产市场也划归实体经济），我们将这四个领域比喻为四个资金的蓄水池，套利的冲动会驱使资金在这几个池子之间流动。而套利的空间则来自于各个资金池中预期收益率的变化。

股票投资市场（即我们通常所说的“直接投资市场”）和固定收益市场（即所谓“间接投资市场”）之间存在着相互转换的机制，这种转换由于变现的快捷性而具有极度敏感的特征。任何一个影响资金预期收益率的变化因素，都会引起两个市场之间的资金流动。实体经济由于变现的“摩擦系数”较大，向其他资金池的流动会出现滞后现象，当实体经济的资金流入股票市场时，通常是趋势形成的尾段。大宗商品市场与股票市场的关系比较复杂，从长期来看，两者之间属于正相关关系，即股市和大宗商品价格保持大体同步的趋势，这是因为它们都具有经济景气循环的周期性特征，但有时候两者的价格走势也会因为季节性因素或投机性因素而出现背离。

因为固定收益市场和股票市场之间的资金流动对于股价趋势形成所起的作用更为直接，我们就以这两个资金池的资金转移来说明趋势形成的机制。为了简便起见，我们假定资金的流动是在一个封闭的环境内进行，不包括由于汇率变动引起的国际资本流动。

首先，让我们先看一下两个资金池在保持平衡时是一种什么状态，如图 1–1 所示。

我们可以把图 1–1 中的这个方框图看成是并排安放的两个池子，左边是股票市场资金池，右边是固定收益市场资金池。两个池子里的资金保持平衡的先决条件是：股票市场中的股息率 + 资本利得的预期收益率 = 固定收益市场的利息收益率 + 投资人的风险厌恶水平。在这种情况下，两个资金池中的能量处于平衡状态，资金不会发生大规模转移。当制约因素发生变化（利息率的升降或经济增长带来的资本预期收益率的变化等），就会打破这种平衡。比如，在风险市场预期收益率水平不变的情况下，降息意味着固定收益市场收益率下降和股票市

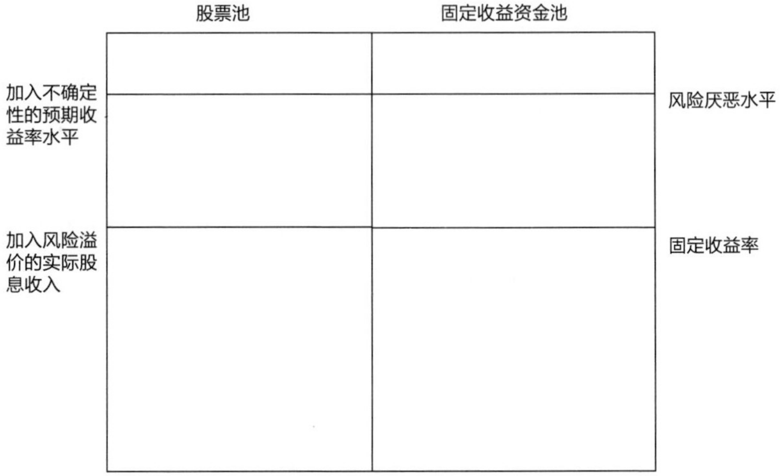

图 1–1

场预期收益率（这个预期收益率是指资本利得的预期收益率，为了叙述的简洁，我们在后面都简称为预期收益率，请读者注意）的相对提高；或者，在固定收益水平不变的情况下，经济发展带来的上市公司股息水平的提高，两者都会在资本市场的股息收益水平与固定收益率水平之间形成一个“压差”，形成对固定收益市场资金的“挤出效应”，如图 1–2 所示。

挤出效应意味着股票市场的资金量增加，固定收益市场的资金量减少。它可以使资本市场的总体价格水平提升，提升的多少，取决于挤出量与股权存量的比例。反过来说，当固定收益市场的利率提升，或者股票市场的股息收入降低，也会对股票市场形成“漏出效应”。如图 1–3 所示。

但挤出效应和漏出效应还不足以形成资金的持续性流动，这是因为，挤出效应只能使一部分风险厌恶水平较低的投资者将部分资金转入股票

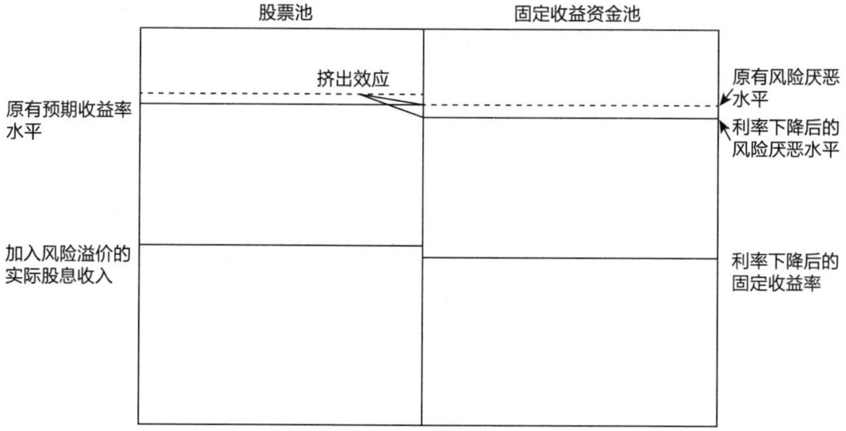

图 1–2

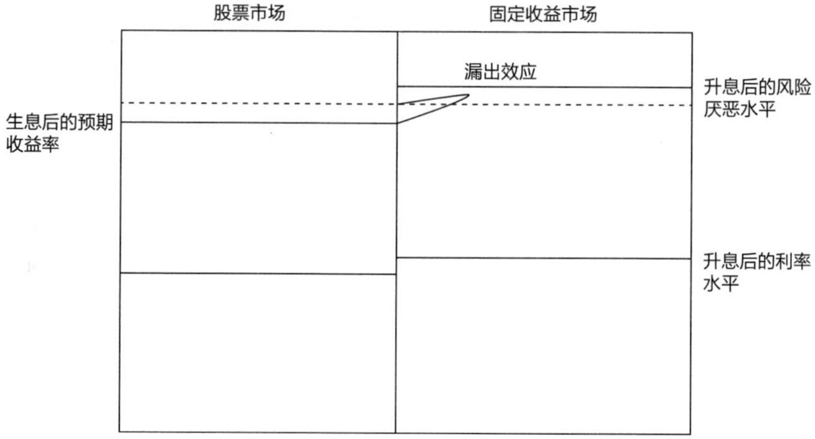

图 1–3

市场，当这部分资金转移完毕后，股票市场和固定收益市场就会形成一种新的平衡。漏出效应也只能使一部分对风险较为敏感的资金离开股市。事实上，利率的变化，并不是形成股市趋势性变动的根本原因，况且在大多数情况下，政府的逆周期调节使利率变化的周期通常与股市周期呈现相反的方向。只有当股市的预期收益率与固定收益市场的风险厌恶水平形成较大“势差”时，才会形成两个资金池之间持续性的资金流动，出现“虹吸效应”。如图 1–4 和 1–5 所示：

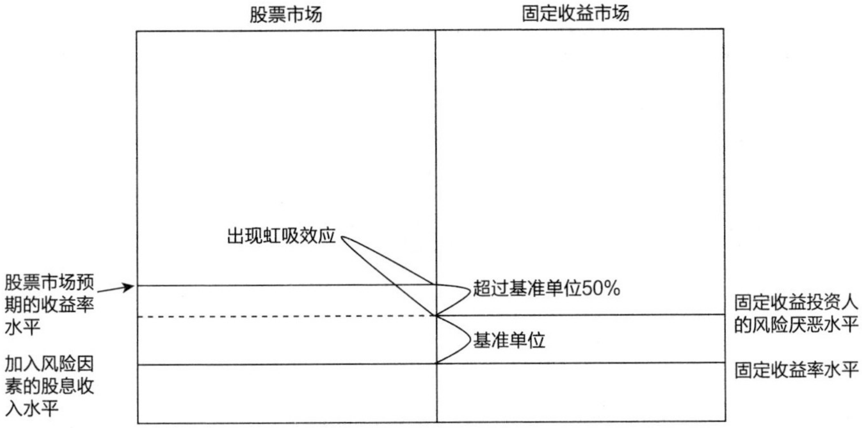

图 1–4

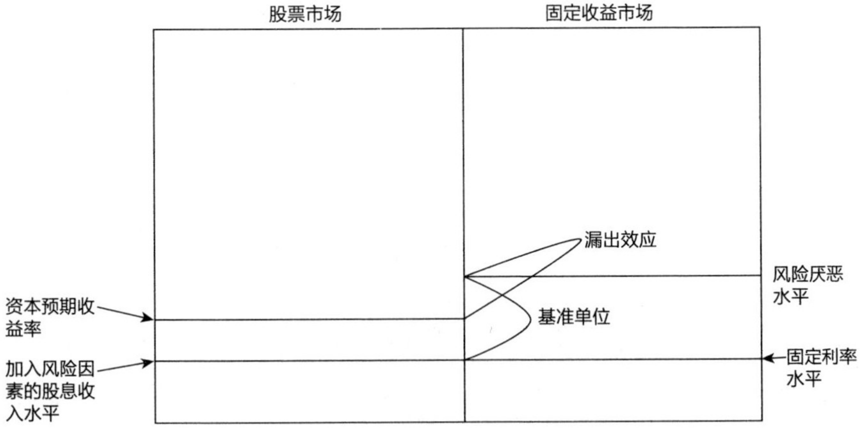

图 1–5

现在的问题是，股市预期收益率与固定收益市场风险厌恶水平之间的差额要达到多少，才可以形成“虹吸效应”呢？我们将固定收益投资人的风险厌恶水平与固定收益水平之间的差额定为一个基准单位（见图 1-4 中风险厌恶水平高出固定收益水平的部分），当资本市场的预期收益率水平超越基准单位的幅度达到 50% 以上时，相当于两种投资标的的交换比率超越了固定收益投资人的“公平底线”（公平底线的计算请参阅本人拙著《互利经济学》第一章的内容），这时，固定收益投资人会感到继续持有存款或债券的机会成本过高，从而形成资金向股票市场的连续流动，一旦资本的预期收益率与投资人的风险厌恶水平之间的差额被流入的资金填平，资金流入就会再度终止。

图 1-5 显示，当股票市场的预期收益率水平低于基准单位 50% 的幅度时，资金就会持续地从股票市场向固定收益市场流出，形成所谓的“漏斗效应”。

在这里我们看到，形成“虹吸效应”和“漏斗效应”的原因在于：股票市场的预期收益率水平大幅高于或低于固定收益市场的风险厌恶水平。但仅仅有“虹吸效应”和“漏斗效应”还是不足以形成股市的长期趋势，因为资金的持续流动会迅速填平预期收益率与风险厌恶水平之间的差额。要使资金源源不断地从一个市场转向另一个市场，要求股票市场的预期收益率水平长期高于或低于投资者的风险厌恶水平，股票市场的预期收益率水平将呈现一种向上或向下倾斜的运行态势，并与风险厌恶水平之间保持长期的“势差”。

1.2　趋势的自我强化机制

按照前面讲过的趋势形成机制，牛市的起点应该出现在股票市场的资金净流出转变为资金净流入，高位筹码分布所形成的能量释放已经转变为低位筹码分布的能量积累（这通常要较长的时间）。在这个转折阶段，成交虽然有所回暖，但并不十分活跃，只是由于资金的净流入，随机买入量刚好可以超越随机卖出量，市场的低点在逐步缓慢抬升。价格的最初上涨会缓解持股者的恐怖情绪，从而减少卖出的数量。随着买方试探性买入量逐渐加大，价格的上涨，特别是突破了低于 30 度角的下降趋势压力线时，意味着有越来越多的买入者开始处于盈利、保本或略有亏损的状态，市场气氛由过去的极度恐惧转变为谨慎乐观。股价超越平缓下降压力的同时，也促使低位做空的投资者转身或反手做多，这个过程，可以使场内的存量资金加大持仓的比例，也可以促使新增资金的流入速度加快，当资本市场的预期收益率与投资者风险厌恶水平的位差达到一定程度时，就会形成我们前面所说的“虹吸效应”。但是，短期的“虹吸效应”很快就会将预期收益率水平与风险厌恶水平之间的势差弥合，要使上升趋势长期保持，“虹吸效应”还必须引发自我强化机制。如图 1–6 所示。

“自我强化”实现的前提条件是，资本市场的预期收益率水平超越了基准单位的一倍以上（见图 1–6 中用 A 和 B 标示的差额）。这意味着突破了固定收益市场资金的“重置成本”。所谓“重置成本”，在实体经济领域，表示为放弃交换，自己生产对方产品的成本。在资本市场，则表示股票市场的预期收益率超过了最保守的投资人的风险防范极限。这时，

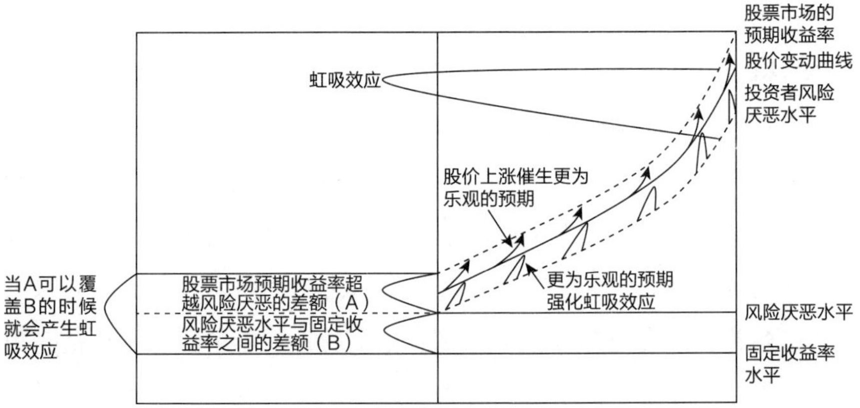

图 1–6

资金流出的最后一道门槛被突破，出现我们称之为“存款大搬家”的热闹场面，或者银行资金以高利借贷的方式进入股市（只要杠杆资金的融资成本低于股票市场的预期收益率水平，就会促使银行资金以场外配资的方式大量进场），这时候预期目标与买入行为会形成正反馈的螺旋回路，通过资金增量和股价上涨之间的相互作用，上升趋势会自我实现和自我强化。也就是说，投资人的买入行为，通过对目标的影响，强化了原有的预期。比如，人们预期股价会涨，就会买入股票，而在一个价格区间内只要买入股票的资金量大于卖出的数量，股价就真的会上涨，从而实现买入者原有的预期，而这种自我“验证”的预期，又会催生更加乐观的预期，从而吸引更多的买入者参与。这样一来，股票市场的预期收益率水平就会呈现出一个不断向上延伸的增强型曲线，它与投资人的风险厌恶水平之间的差距逐步加大，表现在价格上，则是上升的速度越来越快，上升通道的斜率也越来越陡峭。

强烈的上涨预期导致只买不卖的操作模式，从而使供求关系出现了缺口，而股票的供给受制于新股上市发行的周期，不可能迅速增加，市场价格会一再突破人们的心理极限，走上一个令人不可思议的高度，股票市场的整体价格水平将会超过所有理性分析的预期。

为了便于读者理解，我们不妨用实际的案例来说明自我强化机制是如何形成的。有一个股市的新手A先生，十分幸运地在股市的低位拿出自己的积蓄入市，试图博取一点薪资之外的财富。他到处打探消息，听各路股市评论和专家的意见。不幸的是，专家的意见总是互相矛盾，没有一个统一的看法。有人看多，也有人看空。市场也是反反复复，涨涨跌跌，试探性地买入一只股票，即使上涨，也是步履蹒跚，一步三回头，搞得人心绪不宁。有段时间账面上有了一定盈利，这让A先生十分兴奋，不用朝九晚五地奔波，也不用看老板的脸色，仅仅是敲几下键盘，就可以挣出几个月的工资，A先生觉得这活不错，后悔自己怎么没有早入这一行。就在A先生规划自己美好人生前景的档口，股价突然开始下跌，将自己的账面盈利几乎吞没，再不卖出就要亏损了，A先生不知道发生了什么事情，匆忙之下，咬牙卖出自己手中的持股，毕竟这些钱都是辛苦打拼得来的血汗钱，不能就这么不明不白地亏掉。可在A先生卖出股票后不久，股价又再次上涨，并且超过了之前的卖出价，这使A先生感到有些后悔，但又害怕买入后再次下跌，特别是要在高于自己卖出价的地方重新买入，心理上有些难以接受。于是A先生祈祷股价再跌回来，给自己一个重新买入的机会。令人无法忍受的是，这只股票就好像故意和自己作对一样，不仅不跌，反而气势如虹地加速上涨，看着自己卖出的股票一骑绝尘地扬长而去，A先生气得捶胸顿足，恨不得扇自己一顿耳光。为了不在上涨行情中“踩空”，A先生决定选择别的没怎么涨的股票。这回他吸取经验，认真“研究”起股价调整的规律，争取在“高位”抛出，“低位”回补，赚取差价。但在股价的随机波动中，A先生依然只是赚了一点小钱。经过几次类似的经历，看着被自己放走的一只只“黑马”，A先生终于明白，投资股票应该买入后持有，做大的趋势，既然是牛市，就不要在意中间的调整，并发自内心地喊出了“打死也不卖”的口号。这一招果然灵验，经过较长时间持有几只股票，A先生的账户有了不菲的收益，从此开始得意起来。按照这种赚钱的速度，A先生完全可以不去上班，房子、车子、出国旅游似乎都不在话下。于是A先生开始向亲戚朋友们炫耀自己的战绩，将那些从来没有做过股票的朋友拉入股市，俨然以“股神”自居，向亲朋好友推荐股票和发表股票走势的预测。也许我们自己就有过类似的经历，或者我们曾经见过大量类似的实例。正是千千万万“A先生”、“C女士”的共同行为，构成了股市的自我加强模式。表现在股价运行的路径上，就是初期股价上升步履蹒跚，后期股价上升逐步加速。

在股票市场，这种自我强化机制还会通过另一种形式表现出来。当资产价格上涨时，上市公司的交叉持股也会不断升值，在公司资产负债表上直接显示为投资收益的提升。一些本身就有投资功能的上市公司，如保险、证券、银行（利率市场化背景下）的每股收益会随着股价的上涨而有明显改善。与此同时，股价的持续上涨在给投资者带来收益的同时，也会促进投资者的消费，从而带动消费类上市公司销售收入的增加……这个自我实现的机制一旦启动，在没有达到某个特定的阈值时，是不会结束的。灾难似乎是在人们开始相信神话的时候才突然出现。

1.3 趋势的衰竭与逆转

既然趋势一旦形成，就会沿着既定的方向不断自我强化，那么，这个过程会永远持续下去吗？显然不会。“天下没有不散的宴席”，再热闹的资本盛宴，也有曲终人散的一天。

那么，趋势的逆转会出现在什么地方呢？答案就隐藏在趋势形成机制的背后。我们前面讲到，趋势的持续运行是由资金的跨部门转移推动的，因而在固定收益资金池的资本存量即将耗尽的时候，也就意味着趋势转折点的来临。在资本市场的过度繁荣阶段，不断升高的资本收益预期带来了节节攀升的资本需求。这时利率虽然也开始上升，但上升的幅度肯定赶不上资本预期收益的提高。投机性炒作形成的股市和大宗商品价格的暴涨，使利息率的提高相形见绌。当资本需求触及资本存量的底线时，预期收益率会达到前所未有的高度，如股票市场在达到 5000 点时，市场会普遍预测将达到 10000 点。高涨的资本需求没有得到满足，但资本存量已经耗竭，出现了资本需求的缺口。如图 1–7 所示：

迅速上升的股票市值与迅速耗竭的资金供给之间终究要在某一个节点上发生逆转。当固定收益资金池的资本存量耗尽的时候，意味着股票市场的投机性需求失去了后备力量。这时，只要有一点风吹草动，就会导致资本市场的崩溃。1929~1933 年的美国经济大危机是如此，2007 年的美国次贷危机是如此，2008 年和 2015 年的中国股灾也是如此。这时的资本预期收益率，高过了最保守的风险溢价水平，市场情绪过份乐观。此时，主流经济学家通常会建议，通过进一步提高利率

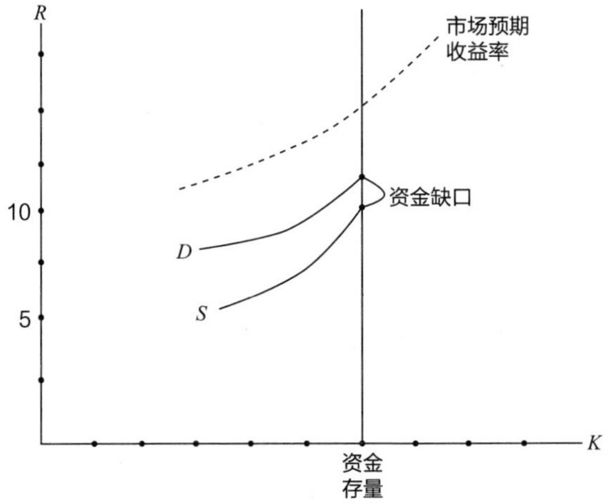

图 1–7

来取得资本供求的平衡。然而，这个时候提高利率的做法会成为股灾爆发的诱因。在资金需求没有触及资本存量底线时，加息起不到抑制资本需求的作用。美联储在 1928 年为了阻止股市的持续高涨，将利息从 4% 提高到 5%，并没有阻止股市的进一步上涨，因为资本存量的底线还未触及。但到了 1929 年，股市投机达到了白热化的程度，同业拆借市场利率从 1929 年 3 月底的 12%，迅速上升到 15%，在 6 月前达到 20%。这表明资本存量已经接近枯竭。1929 年 8 月 8 日，美联储将贴现率提高至 6%。就是这小小 1% 的利率上升，成了压垮骆驼的最后一根稻草。

资本存量耗尽有三个重要信号，一是流动性较差的实体经济领域的资金大量进入风险投资市场；二是同业拆借市场利率达到 15%~20% 或以上；三是股票市场的杠杆率（融资余额 + 伞形信托 + 增资配股 + 民间 P2P 配资平台与流通市值的比例）超过 5%（2015 年 A 股曾经达到 10%），这是市场转向的先兆。一旦资本存量消耗到极限，股票市场向上的趋势失去了动力，股票资金池中的水位就无法再度提升。随着一部分高杠杆资金或高成本资金的撤出，一个反向的能量传递过程开始启动，向下的自我强化机制开始运转。

1.4 反向的自我强化

股票市场的资金供求关系出现逆转之后，由于没有后续资金的跟进，牛市中买盘大于卖盘的情况颠倒过来，变成了卖盘持续大于买盘的博弈格局。那些高杠杆或高借贷成本的资金，在危险来临之际，只有夺路而逃。这部分资金一旦“带伤”离场，短期内就难以再度回头。加上融券卖空的数量和离场者的持币观望，资金供给与股票市值之间的反向落差开始形成，出现了能量向下传递和转化的动力。

就像资金的净流入会形成股票市场“水涨船高”的形势一样，随着股票资金池中的“水位”逐步下降，作为衡量股票价格水平的“浮标”——股价指数，也会不断走低。股票的预期收益率水平开始大幅低于风险厌恶水平，悲观的收益预期导致的更为恐慌的卖出数量和更为谨慎的买入数量，会进一步加大卖出与买入力量之间的“反向势差”，形成进一步下跌的动力，并导致更加悲观的市场预期。当这个能量向下传递的过程达到不同的临界点时，会连续触发高杠杆资金的平仓底线，形成多米诺骨牌式的连锁反应。资金从股票市场向固定收益资金池呈现加速流出的状态，形成“反向自我强化”机制，如图 1–8 所示。

在这个向下推动的能量转化过程中，那些原来推动上涨的自我实现

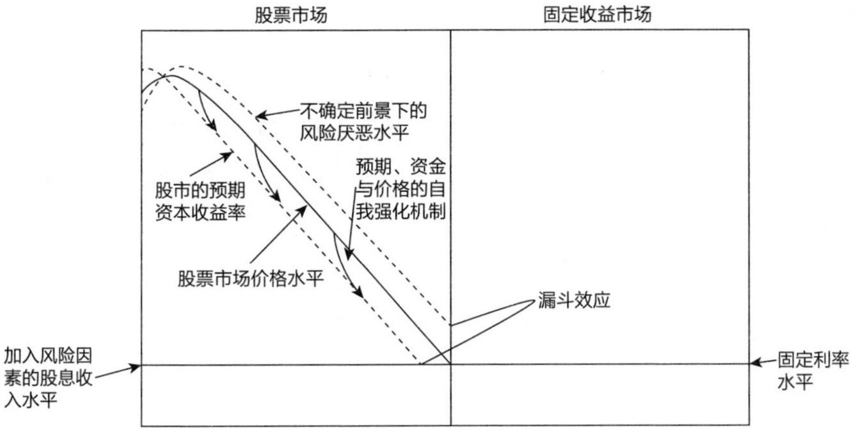

图 1–8

因素，如今成为相反过程的催化剂，随着股价的降低，上市公司交叉持股的市值水平也随之下降，一些以投资为主营业务的公司，如证券公司和保险公司的投资收益也变得不那么好看。在投资收益降低和亏损增加这一背景下，投资者的个人消费不可避免地受到影响，从而进一步影响到消费类上市公司的业绩……总之，悲观的预期也会产生反复的自我实现过程，从而使股价的下跌形成趋势运行。

随着价格的持续下跌，在牛市后期追高买入的投机性买盘，内心的恐惧会日益加剧，当损失扩大到一定程度时会触及心理底线，引发绝望性的杀跌行为，导致价格的断崖式“跳水”。这个过程一定要等到股票市场资金净流出状态已经逆转，最后的卖出者（通常是市场中的死多头）已经离场时，才会结束。而这时的股价已经跌到惨不忍睹的程度了。

在这个反向自我强化机制的不断作用下，投资收益预期会从牛市顶端的极度乐观走向熊市末端的极度悲观。市场要用很长一段时间，去消化在投机氛围下积累的大量套牢筹码。这时，即使政府降低利率，刺激投资需求，但悲观的资本预期收益率低于风险厌恶水平的缺口，并不能被利率水平的降低所弥补，反而会出现投资额的持续下降。例如，美国在1929年大萧条的前夜，社会投资总额为158亿美元，1930年降为102亿美元，到了1931年又进一步下降至54亿美元，而到1932年只有可怜的9亿美元了。这时，资本的供求关系如图1–9所示。

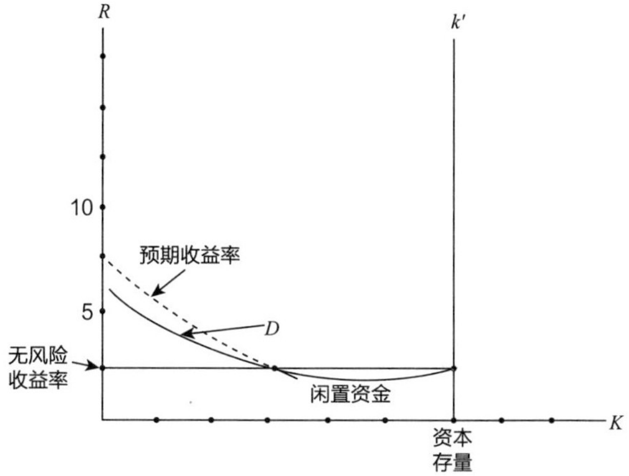

图 1–9

在未来收益预期悲观的情况下，即使利率降到无风险收益率的水平以下（如现在西方国家实施的零利率和负利率政策），投资需求量也不会达到与资本存量等同的程度，会出现流动性陷阱——银行惜贷和资金转移到其他市场。

为了还原市场的行为，我们还是以可爱的A先生作为实战的案例，看一看反方向的自我强化机制是如何演变的。当市场顶部来临的时候，A先生还在为自己账面上的盈利自鸣得意，并开始编织未来的梦想，市场最初的下跌并没有引起A先生的警觉，“又调整了？‘洗盘’玩‘假摔’？咱见过，想让老子交出筹码，没门！”现如今 A 先生已经学会了一些股市术语，知道该如何形容股价的波动。可是，下跌之后还是下跌。“这次看来味道有点不对？”眼看着账户上的利润大幅缩水，A 先生心里开始有点忐忑了。但我们的 A 先生现在还是相信（或者说是希望）股价会见 10000 点，最不济还会回到原来的位置。回想起股市最高点时的账户市值，A 先生多少有些后悔，不知是哪一位哲人曾经说过：“任何东西只有失去了才会感到珍贵”？如果股价再回到曾经的高点，说什么也要卖掉，至少要减磅。经过痛苦的等待，股市终于迎来了反弹，A 先生盼望股价再回到最高的峰值，好给自己一个心理平衡的退出机会。没想到反弹刚刚到半山腰，股价像断了线的风筝，又摇摇晃晃地跌了下来，有一段简直就是自由落体，直线下跌。眼看着原本翻倍的利润转瞬之间就要变成亏损，A 先生下决心卖出了自己手中的持股，大牛市居然没有赚到钱，这让 A 先生心理十分不平衡。过了一段时间，有的股评家开始谈论调整已经到位，不甘心认输的 A 先生再度杀入股市，但这一次，由于没有把握卖出的时机，再次惨遭套牢，股市跌了又跌，一个又一个整数关口都被打破，摊低成本的资金一次又一次被套牢。周围的人越来越悲观。有些专家甚至谈到会跌破 1000 点，资本市场会“推倒重来”。看基本面也确实不容乐观，从现在的位置到 1000 点，还有一半的跌幅，真要跌到那里，不断缩水的账户将更加惨不忍睹，A 先生如今已经是心力交瘁、寝食难安，股价的每一次下跌都像用刀割自己的伤口一样难受，为了不再受市场的煎熬，同时也为了避免股市跌到 1000 点的恐怖结局，A 先生终于决定卖出自己的所有持股，从此不再玩这个要命的游戏了。最后的结果，想必不说大家也都知道，当 A 先生咬牙跺脚卖出股票的时候，离市场底部的位置已经不太遥远了。

这就是资本市场的残酷游戏，千百万人逐利行为的相互作用，导致了资本市场的极端趋势，上涨会涨过头，下跌也会跌过头。如果我们看不到这幕大戏背后的真实脚本，就永远蒙在鼓里，花钱买了“剧票”，却总是被虚假的剧情所欺骗。

不过，仅仅了解趋势运行的形成机制，还不足以实现盈利的目标，

为了落实到操作层面，我们还需要进一步了解趋势形成的判断标准。这些标准涉及趋势运行的五个维度，在下面的各个章节中，笔者会依次对它们加以说明。

Chapter 2

“乱花渐欲迷人眼”

——透过形态看趋势

趋势运行最直观的表象，就是股价波动的形态。这主要表现在两个方面，一是股价波动的边界构成了一个具有方向性的通道，其波动的高点和低点都可以用趋势线来加以连接；二是波动的内部结构，具有方向性的能量传递机制。

通过对股价形态的把握，我们可以判断出，趋势是否已经形成，如果形成了，是否会延续；当下的波动是趋势的中继形态还是趋势的转折形态。关于股市形态的技术分析工具，有 K 线理论、波浪理论、形态理论等，这些理论目前依然有其实用的价值，但它们都从属于统计规律，即从统计现象上寻找现象 A 与现象 B 同时（或先后）出现的概率，很少探讨形态与能量传递之间的因果联系或相关关系。这就产生了一个问题，在一个形态出现之后，有多大的可能会出现某一个可以预知的变化？按照笔者对趋势形态的理解，趋势的能量传递过程，是通过形态这种特定的转化形式表现出来的，每一种形态都反映了能量积累与释放的过程，并决定着趋势未来演化的路径。形态千差万别，归纳起来，大致可以分为 3 种类型：持续形态、转折形态、整固形态。

2.1 持续形态

在股票市场，不管是做多还是做空，赚钱的大机会总是出现在持续形态中，所以，判断什么是持续形态，并在持续形态出现以后采取相应的策略，就显得十分重要。按照能量转化的原理，持续形态又可以分为趋势不变形态和趋势加强形态两种。

一、趋势不变形态

趋势不变形态是指波动折返点在同一个上升通道之内互不重叠的上涨（或下跌）过程。其特征为形态的高点和低点的连线保持同一个上升或下跌的斜率。如图 2–1 所示。

在图 2–1 中我们看到，股价波动的高点和低点按照同一个大体相同的上升斜率向上延伸。高点和低点都在逐步抬高，并且低点和高点之间

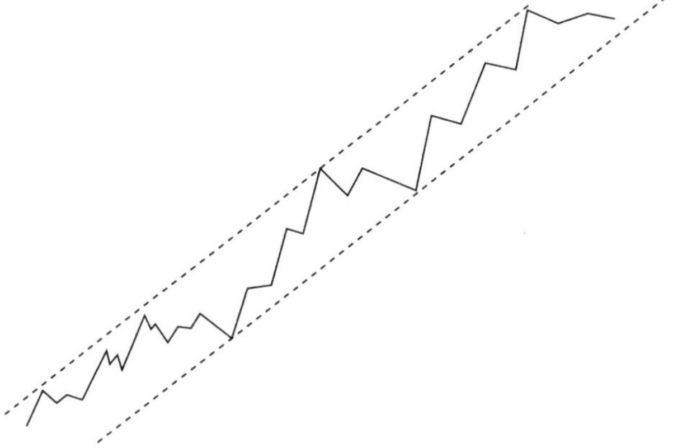

图 2–1

不相互重叠。高点和高点的连线与低点和低点的连线构成一个平行的轨道。在大牛市的延伸波中，我们经常会看到这种走势。当这种形态保持良好时，我们没有必要卖出手中的持股，除非你有足够多的时间和足够好的盘感，可以在通道的上轨处酌情减磅，在下轨处再悉数接回。对于稳健的投资人来说，在这种持续形态没有发出变盘信号之前，还是应该以持股为主要策略。

出于同样的原理，持续的下跌趋势也是如此，如图 2–2 所示。

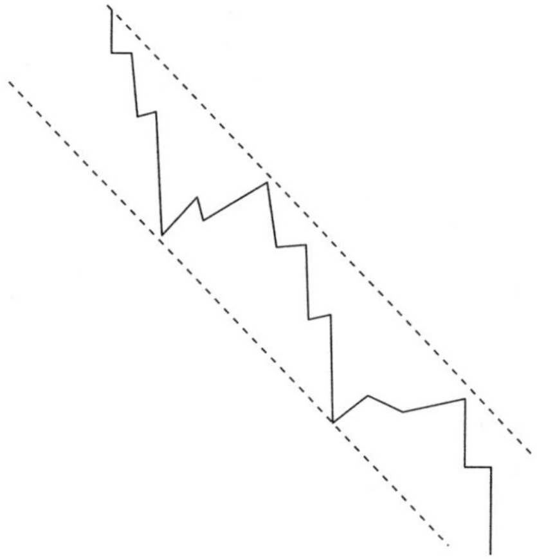

图 2–2

很多初学者投资失误的原因，是在下跌趋势已经形成的情况下，被下跌趋势中间的反弹所迷惑，因为害怕"踩空"而追高买入，结果套在了阶段性的高位。即使买到了阶段性低点，但对趋势运行没有明确的认知，不知道应该在什么时候离场，最终依然是以亏损出局。图 2–2 是下跌持续形态的标准示意图。下跌过程中的高点一个比一个低，并且按照同样的斜率（如果不是更为陡峭的话）下降，我们可以用画下降通道的方式（具体的画法我在下面介绍），将股价变动的趋势标示出来，只要股价还在这个通道内运行，且没有发生形态变化，就应该以持币观望为主要的策略。即使入市，也以短线操作为基本思路。

不管是上升趋势还是下降趋势，股价在同一个通道内运行，表明趋势保持良好，波动的低点和高点互不重叠，意味着能量传递的过程顺畅。相信所有做过股票的朋友都有过这样的经历，在大牛市中，我们经常根据一些单一的技术指标（比如成交量和超买指标）预测调整即将来临，而过早地卖出手中的持股。在熊市中，我们往往会根据一些似是而非的标准，过早地买入股票，结果套在了一个十分尴尬的位置。在股市真正见底的时候，反而没钱或没勇气去买入股票了。在这里需要特别说明的是，当趋势已经形成的时候，不要用弹性很大的数浪方式来预测顶部和底部。特别是在主升段或主跌段，连续的延伸形态经常会发生，并且经常会演变出新的数浪方法。图 2–3 是沪指从 6124 点向下调整的走势图，

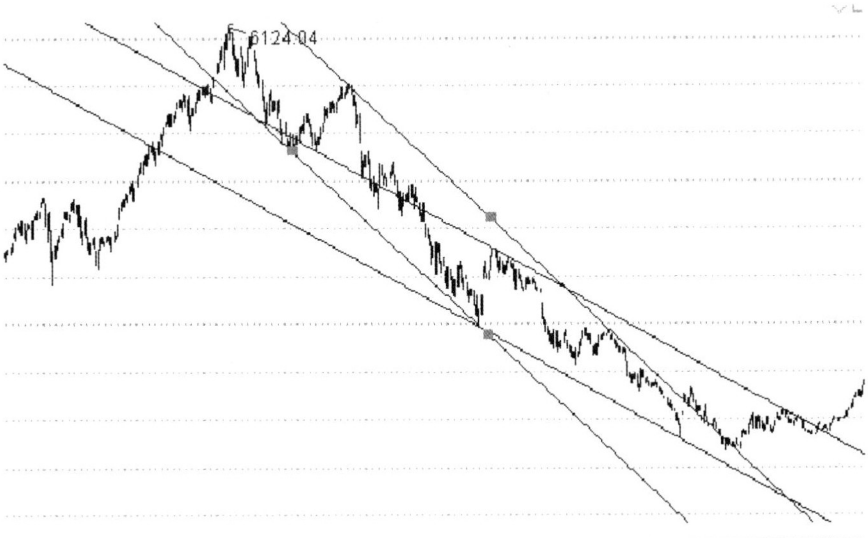

图 2–3

如果回过头来看，是可以数出五浪的形态，但在下跌的中途，如果仅仅是数浪，我们很快就会迷失方向。

用趋势判断的标准来考察这一段调整走势，我们可以很清楚地发现形态在哪一个位置发生了变化，又在哪一个位置出现了逆转。

这里需要强调的是趋势线的画法。很多人以为上升趋势线的画法，是用第一低点与第二低点划直线，下降趋势线是用第一高点与第二高点画连线的方式得出。其实这是一种误解。构成一个通道的要素有以下三点：一、通道的宽度；二、通道的斜率；三、通道的上轨和下轨。上升趋势实际上是一个向上的能量通道，而第一低点与第二低点的连线与这三个要素无关，只与下跌反弹的支撑位或阻力位有关。通道内能量传递的速率即通道的上升斜率，需要通过能量推动的第二个高点来衡量，这是因为，第二高点表示的是资金推动股价上涨的速率，通过第一高点和第二高点的连线，可以测量出当前阶段能量传递的速度。从这个角度来理解，你就可以明白为什么在上升趋势中，我们要取第一高点和第二高点的连线作为上升通道的上轨；为什么在下降通道中，我们要取第一低点与第二低点的连线作为下降通道的下轨（与资金流出的速率和场内资金参与意愿下降的幅度有关）。同时也可以理解，为什么第一低点与第二低点的连线并不是上升通道的折返点，以及为什么在下跌趋势中，第一高点与第二高点的连线，不会构成下降通道的折返位置。正确的上升通道的画法应该是用上升趋势中的第一高点和第二高点的连线作为基准线，然后通过第二低点画出与之对应的平行线，如图 2–4 所示。

在图 2–4 中，我们看到，当第二低点回调较深时，第一低点与第二低点的连线作为上升通道的下轨是不能成立的，如果以这条线作为判断的依据，我们就找不到上升途中的介入位置，并且在趋势已经发生变化

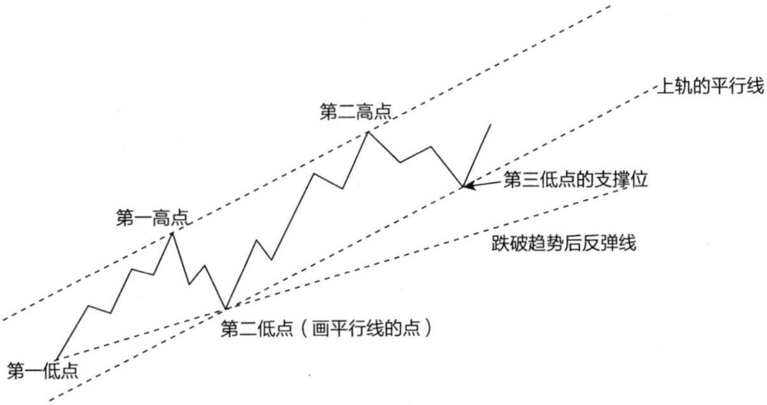

图 2-4

的时候，依然无法及时察觉到变化的先兆。

有的时候，第一组反弹之后的回调比较温和，因而形成的第二低点位置可能较高，这时用第一低点和第二低点的连线画出的趋势线也会比较陡峭，当股价在经过新一轮上涨之后再度回调时，就会很容易跌破第一低点和第二低点的连线，如果我们根据这条“趋势线”被跌破而止盈或止损，之后股价再创新高时，我们只能徒呼奈何。见图 2-5。

在图 2-5 中的 X 点，股价向下跌破第一低点与第二低点的连线（见图 2-5 中的实线），并不意味着上升趋势的改变，股价在上升通道下轨（见图 2-5 中第三低点的位置）获得支撑后，往往还会创出新高。现实的案例有很多，图 2-6 是一个实战图形。

在图 2-6 中我们看到，第一低点与第二低点的连线被跌破之后，股指在通道下轨获得支撑，然后沿着第一低点和第二低点的连线继续反弹，如果我们以第一低点和第二低点的连线作为短线操作的依据，就会踩错节奏。当然，第一低点和第二低点的连线也不是没有意义，在图 2-6 中，它成为股价进一步上升的反压线，可以为高位减磅提供一个位置参照。

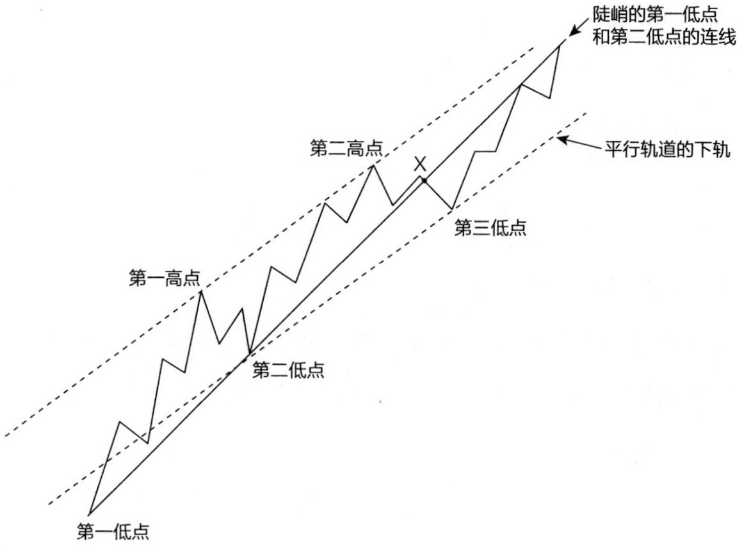
陡峭的第一低点
和第二低点的连线
平行轨道的下轨
第二高点
X
第三低点
第一高点
第二低点
第一低点

图 2–5

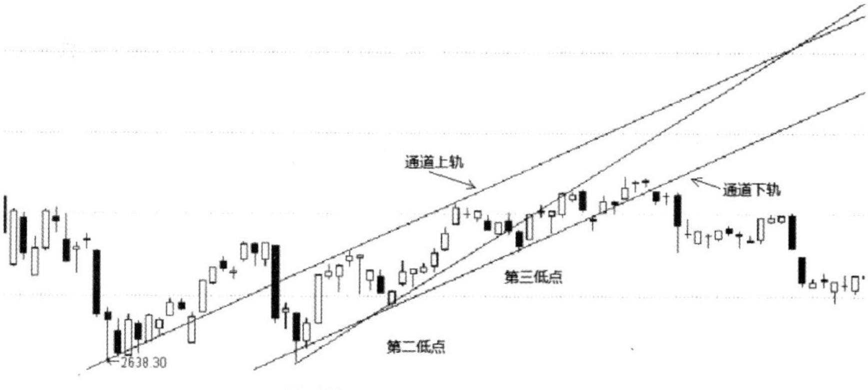
通道上轨
通道下轨
第三低点
第二低点
2638.30
第一低点

图 2–6

在图 2-6 中我们还可以看到，只有在上升通道的下轨被跌破之后，上升趋势才会结束。当然，在跌破下轨之前，会有一些征兆，这一点我们在后面会做进一步的说明。

下降通道的画法正好相反，先取第一低点和第二低点画连线，再用第二高点作为通道上轨的支点画出与这条连线的平行线，就可以得出一个完整的下降通道。具体画法见图 2-7。

请注意，下降通道的上轨不一定与第一高点连接。这是因为，一个上升趋势的结束，需要有一个转化过程，从最高点向下的第一组下跌，通常不会引起资金的大规模撤离，况且后续的资金还有一个持续流入的过程，只不过这种流入的速率已经不足以支撑股价的继续上升。因此，下降趋势形成的第二高点，通常与第一高点的距离比较接近。因而资金撤出的速率只能通过第一低点和第二低点的下降斜率测量出来。画这条轨道线的意义在于，可以为投资者提供一个下跌趋势是否形成的判断依据。

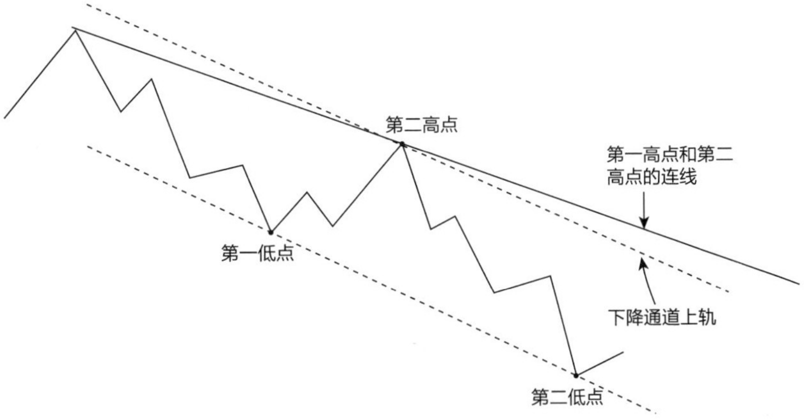

图 2-7

二、趋势增强形态

所谓趋势增强形态，是指这样一个过程：股价逐步从平缓的上升形态，转变为更为陡峭的上升形态。我们可以从沪指在2014年行情启动时的走势中看到这种转变的特征，见图2–8所示。

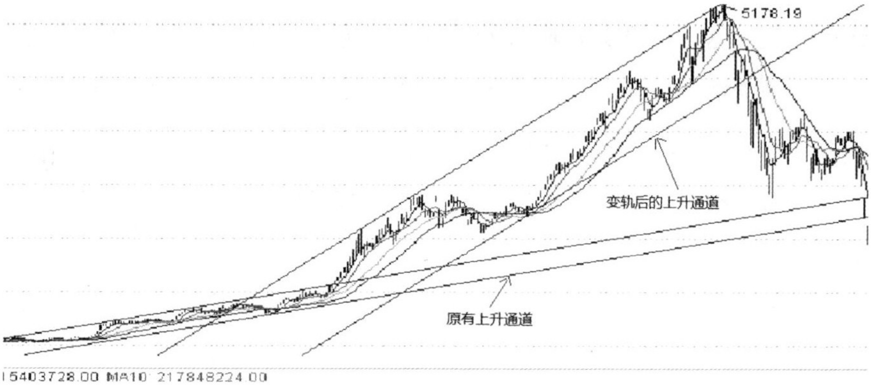

图 2–8

图2–8是沪指从2013年6月到2015年6月的走势图。我们看到，在行情启动的初期，大盘沿着一条平缓的上升通道运行，经过一段时间的缓慢攀升之后，在回调没有触及通道下轨的情况下，指数就开始向上攀升，并逐渐加速，突破原有通道的上轨之后，形成一个新的更加陡峭的上升走势，这种趋势运行的形态，只要不出现连续的跳空缺口，其持续的时间就会比较长久，而且趋势的逆转通常要经过一个重新趋缓的过渡形态。很多人因为习惯于原有上升通道的涨跌节奏，对于突然加速上升很不适应，过早地抛出了手中的持股。错过了大牛市的主升阶段，这是读者朋友在未来的交易中需要特别注意的事情。只要股指（也包括个

股）在没有触及下轨的情况下，就加速突破上轨，且没有重回轨道（重回轨道一般都是假突破，这一点我在后面章节还会专门加以阐述），都是持续行情的特征。这是因为，一个更为凌厉的上升趋势是资金流入速率开始加快的表现，并且这个加速过程具有持续性特征，资金流入的速率从加快再到衰减，是一个逐步演进的过程，表现在运行趋势上，就是从平缓的上升，转变为更为快速的上升，然后再过渡到一个衰减阶段的演进序列。这个序列会在股价的外在形态上有明确的区分。也就是说，牛市是一个资金持续流入从而推动股价上升的过程，在其他资金池的存量没有枯竭之前，不用担心大盘见顶的危险。

与上升趋势一样，向下的趋势有些时候也会出现加速变轨的情况，如图 2–9 所示。

图 2–9 是沪指 2015 年 12 月底至 2016 年 1 月的走势图。一开始的下跌比较平缓，且形态相互重叠，随后突然加速，突破原有的轨道，形成一个更为陡峭的下降通道。下降趋势之所以会出现变轨，脱离原有的轨道，是因为在下跌过程中能量向下传递的速度开始加快。投资者的心理预期发

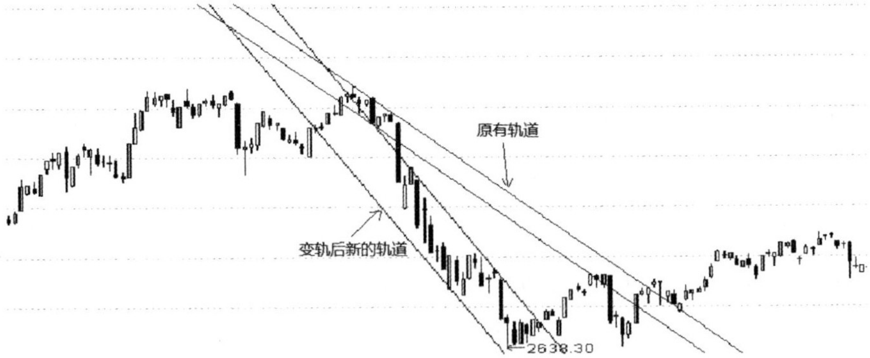

图 2–9

生急剧变化（通常伴随着重大利空），导致资金流出加速。比如，2015 年 12 月底从 3684 开始的调整，有注册制即将实施的利空，也有大小非减持禁令的解除等因素影响。2016 年年初，市场普遍预期管理层会出台相应的对冲措施，结果等来的却是熔断机制的推出。熔断机制本身并不是造成股市加速下跌的根本原因，重要的是熔断机制推出传递出这样一个政策信号：管理层将股市的稳定机制交给市场而不再由自己出手拯救，这给投资者带来了普遍的失望，新年伊始，资金纷纷撤离，股市出现断崖式下跌。

这里需要指出的是，当出现趋势的增强型走势时，需要重新测量新的趋势通道。画法与前面介绍的方法一样，只不过要取加速后的第一点和第二点（上升趋势取两个新的高点，下跌趋势取两个新的低点）重新画线，再用画平行线的方式找出新通道的下轨或上轨。

虽然说持续的趋势是投资者主要的赚钱阶段（空头市场赚钱的前提是有沽空机制），但是日线级别的持续形态并不常见，在全部波动形态中可能只占不到三分之一。当持续形态被破坏时，就会出现转折形态或者是整固形态。

2.2 转折形态

在传统技术分析中，转折形态的分析占有最大的比例，也是广大投资者最为熟悉的形态。“抄底”“逃顶”是所有趋势投资者所追求的目标。但不幸的是，真正能抄到底部，逃出顶部的人却没有几个。这中间的原因非常复杂，而传统技术分析的转折形态存在重大缺陷也是一个不容忽视的因素。图 2-10 给出了传统技术分析中最为典型的顶部转折形态。

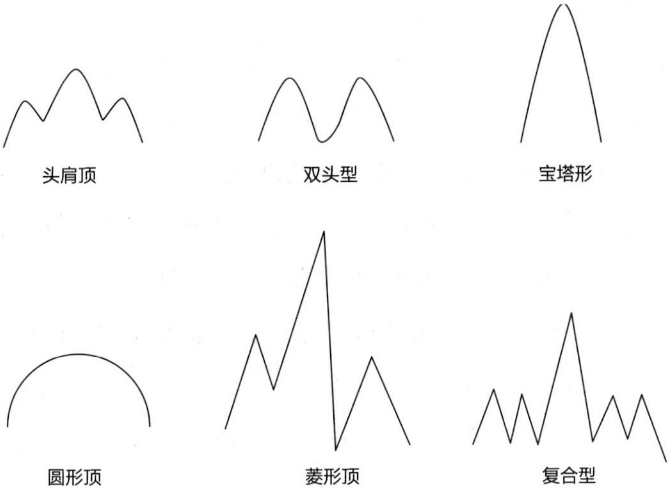

图 2-10

图 2-11 的图形是传统技术分析给出的各种底部形态。

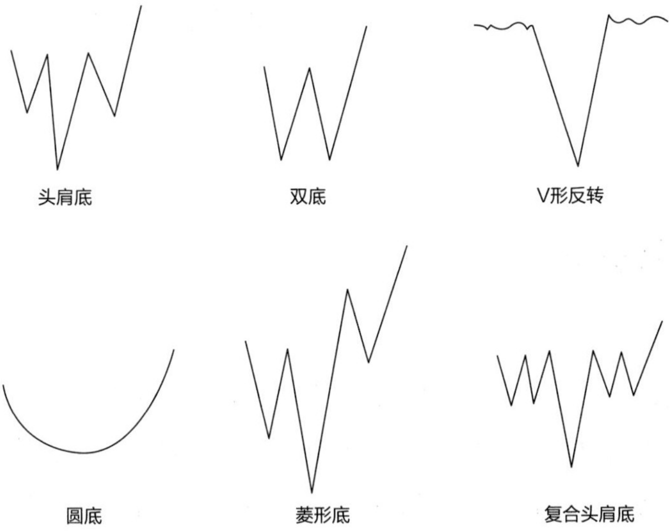

图 2-11

无可否认，这些转折形态具有一定的预判作用，时至今日，它们也没有完全过时。但其中存在的问题也有很多，下面我们以头肩顶为例做一个简单的分析，见图 2–12。

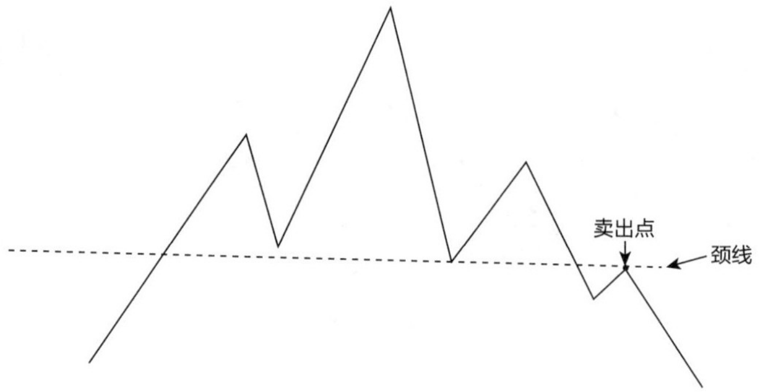

图 2–12

传统技术分析认为在跌破颈线位并有效突破（通常跌破颈线达 3% 的跌幅），反抽确认才是卖出点（见图 2–12 中反抽颈线的位置）。问题在于，这样的卖出点显得过于滞后，大盘如果跌到这个幅度，有些个股的股价早已经“惨不忍睹”了。而如果你买入的位置是在半山腰，这时很难有什么利润，甚至可能出现亏损。而对于那些在头部位置买入的投资者来说，跌破颈线位已经是深度套牢，这时卖出就要承受巨大的损失。问题还不止于此，传统技术分析的转折形态很容易与整固形态相混淆，比如双头形和平台形，都可能走出相同的形态，但意义却完全不同；头肩顶和之字形，也很难在形态上预先加以区分；至于菱形和扩张平台之间的区别，也往往是走完之后才能分辨出来。它们之间的异同仅仅在于容易产生歧义的数浪方式，这给实际操作带来许多困扰。更令人摸不着头脑的是，传统转折形态的量度跌幅或涨幅，往往不够精准，尤其是在管理层直接出手干预的中国股市，传统的形态分析会失灵。图 2–13 是沪指 2016 年上半年的一段反弹走势。

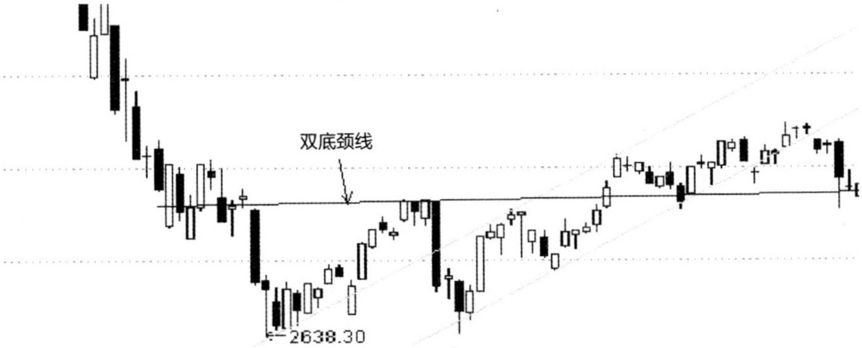

图 2–13

在图 2–13 中，沪指在 2016 年 1 月 27 日和 2 月 29 日两次见 2638，然后突破颈线位 2933 点，按照标准的双底形态，突破颈线后的最低量度升幅应该是双底到颈线的距离，这样算来，沪指在突破双底的颈线位之后，应该上升到 3228 点之上，但实际上，沪指只反弹到 3097 点，就再度回到颈线位之下。在随后的下跌中，沪指又形成了典型的头肩顶形态，见图 2–14。

在形成小头肩顶之后，沪指以跳空方式向下突破颈线，按照经典的技术分析，此头肩顶的最小量度跌幅应该是从颈线位向下测量顶部到颈线的距离。这样一来，沪指至少应该跌到 2713 点之下，但实际的情况却是，沪指仅仅跌到 2780 点就反弹回升，并且迅速回到 2905 点的颈线位之上。

当然，这么说并不意味着传统技术分析的形态没有意义，对于趋势分析来说，它只能是一个辅助的确认标准，而不应该是一个主要的测量工具。

在介绍趋势转折形态之前，我们首先要明确转折形态的级次，即转折是对应于短期趋势、中期趋势还是长期趋势？在图形上是日线级别的

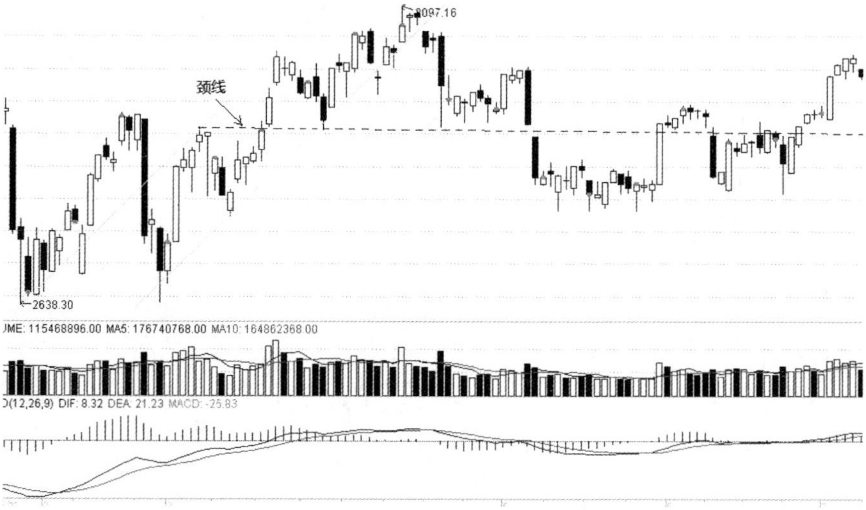

图 2–14

转折、周线级别的转折还是月线级别的转折？明确这一点非常重要，因为，日线级别的转折可能是周线级别整固形态的开始，而周线级别的转折可能是月线级别整固形态的开始，这取决于你的操作理念是做短线、中线还是长线。

对于趋势分析来说，转折形态的发现侧重于预见性和准确性，要求投资者在转折点出现之前就做出预判和准备。那么。作为趋势结束的转折形态都有什么特征呢？我们归纳如下：

一、结构变形

不管是向上还是向下的趋势，当持续地上升或下跌之后出现一组新的波动，其内部结构突然发生变化，比如，中间出现较深的回调，且高低点的连线由平行变为收敛。不管形态内部是否出现重叠，都要警惕市场的转向。波浪理论有楔形转折的说法，楔形的运行特征是相互重叠的三波结构。但根据笔者的观察，即使内部细分的推动浪走势都是5波结构，且高低点并不相互重叠，只要是内部波动加大，高点连线和低点连线形成的趋势是呈收敛状态，同样意味着转折点的到来。因为这种形态表明能量传递的过程受到阻滞。图2–15是沪指在5178点见顶的实际案例。

图 2–15

我们看到，图2–15中沪指在2015年5~6月冲击5178点的最后一波上攻，就出现了结构的变形，一是内部波动加大，二是上升通道由平行变为收敛。虽然细分走势都是5–3–5–3–5的结构，且每个波动之间并没有相互重叠，但大盘依然出现转折，这是因为，向中间收敛的上升通道和波动加剧的内部结构，是能量耗竭的表现。如果有其他指标的配合，转折的意义就会更为明显。

向中间收敛的转折形态有时也会出现变形，即不是典型的5波推动，而是走出一个第7波延伸。2015年6月，深圳成分股指数就上演了这一出变形的走势，见图2–16。

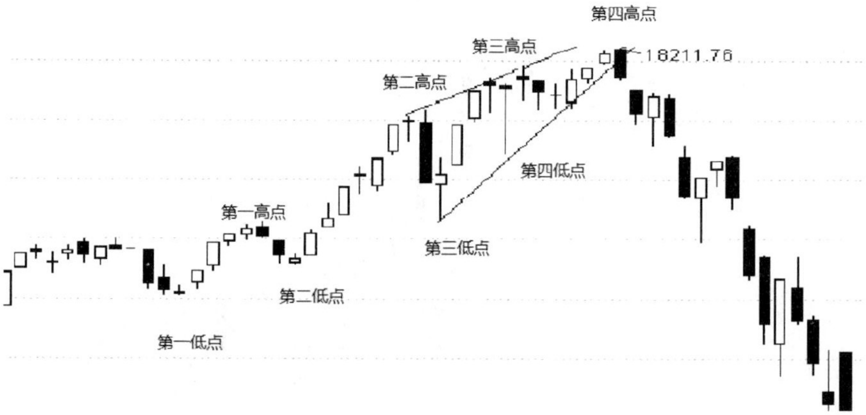

图 2–16

在图 2–16 中，最后一组上升行情，冲到第三个高点时，已经走完 5 波，但是由于前面的上升斜率过于陡峭，后面的收敛形态又进一步延伸，在第四高点，冲上 18211 点才结束上攻行情。如果拘泥于数浪方式，可能就会产生困惑。而用趋势分析的形态判断法则可以看出行情即将结束的先兆，即上升通道出现收敛，且最后一波上攻并没有触及已经变得平缓的上轨。在跌破收敛形态的下轨时，系统发出明确的卖出信号。

说到这里，笔者认为有一个误解需要澄清，在波浪理论中，楔形被认为是转折形态，而楔形的最大特征，就是相互重叠的内部结构，除此之外，没有别的约束条件。但在实战中我们会发现，这种相互重叠的内部结构也可以出现在持续性趋势之中，下面是沪指在 2015 年 12 月 23 日从 3684 点下跌的走势，这一组下跌不管是日线还是分时图走势，都多次出现重叠，但并没有起到转折的预示作用，重叠形态之后，又再度创出新低，见图 2–17 的走势。

图 2–17 中显示的沪指走势，其日线形态从一开始就是相互重叠的，

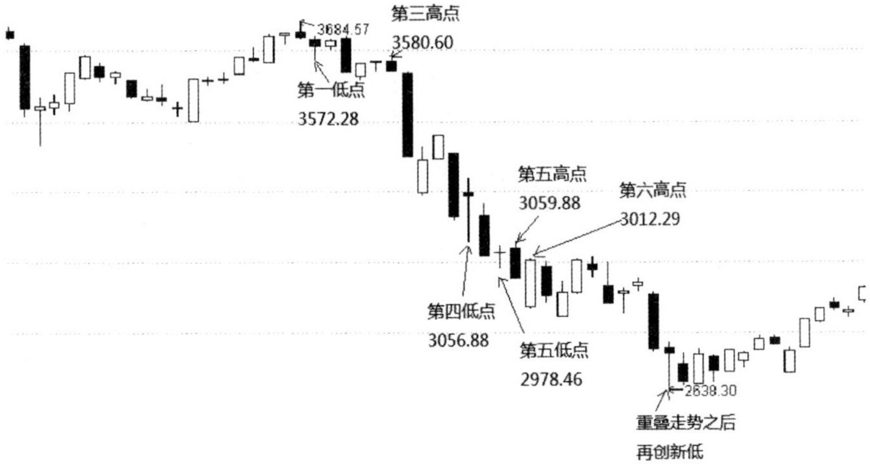

图 2-17

即使是在后面的加速阶段，分时图的走势多次发生相互重叠，但并没有演变为转折形态，而是在每一次重叠的反弹之后，又见一个新的低点。所以，相互重叠并不是转折形态的必要条件，重叠走势能否形成转折形态的最重要标志是，通道是否收敛以及运行角度是否小于 45 度。

二、反贴走势

在图 2-18 中，当股价在第三组上升开始的地方，已经盘跌出上升通道的下轨，并反贴着下轨上行，出现了三个高点连续触碰或接近下轨的走势，虽然内部结构并没有相互重叠，但外部形态已经发出了能量传递趋缓的信号。这是转折形态的另一种表现形式。通常，反贴走势在原有上升通道的倾斜角大于 45 度时出现。

在图 2-18 中我们看到，股价虽然创出新高，但却偏离了原有的通道，这说明资金的增量已经不能够按照以往的速率流入，能量传递的力

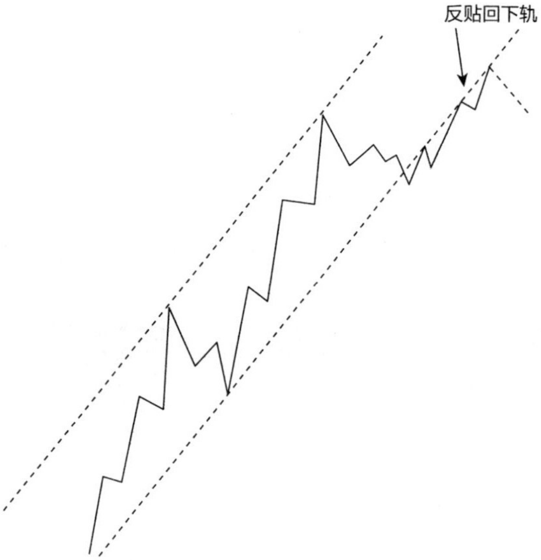

图 2–18

度已经衰减。这里有两点需要注意：一是反贴走势有可能是"骑着"下轨，即围绕下轨周围波动，但不会再度触及原有的通道上轨；二是反贴走势通常会与技术指标上的背驰同时出现，这也可以为我们的综合判断提供依据。

反贴走势不仅在上升趋势中出现，在下跌趋势中也同样会出现。如图 2–19 所示。

在绝大多数情况下，急速下跌之后，需要有一个缓跌阶段的过渡，然后才能出现趋势的逆转，在形态上，往往是以反贴形式表现出来，即在突破原有的下降通道的上轨之后，指数又再创新低，但没有回到原有的下降轨道之内，而是沿着原有通道的上轨完成调整。在完成一组调整形态（比如下跌 5 波）之后，如果其他维度的指标相互配合，就要注意趋势转折点的到来。

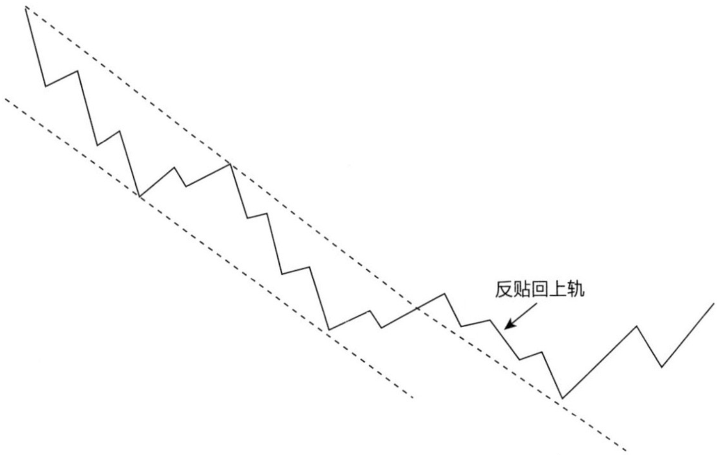

图 2-19

三、“长角”的形态

当股价沿着一条通道运行较长时间后，突然偏离了原有的上升通道，在通道上轨长出一个或两个“犄角”，之所以称之为“角”，是因为这种突破只是昙花一现，并没有形成新的上升通道，在“冒出”上轨之后又回到原有的轨道之内，这也是见顶的形态之一，多见于一组上升行情的末段。这种快速的上升会迅速消耗掉场内的存量资金，紧随其后的往往是趋势的逆转。图 2-20 是 1997 年 5 月股市见顶的图形。

在图 2-20 中我们看到，股价沿着一个狭窄的上升通道向上运行，在末端突然向上发力，突破了原有的轨道，两次上突形成两个犄角，随后又回到轨道之内。说明后续资金并没有跟进，只是存量资金的集中释放。因而在突破上轨之后，并不能在轨道上方停留。通常，倾斜角大于 45 度的上升通道不太可能持续加速，这是因为，资金的净流入无法持续维持

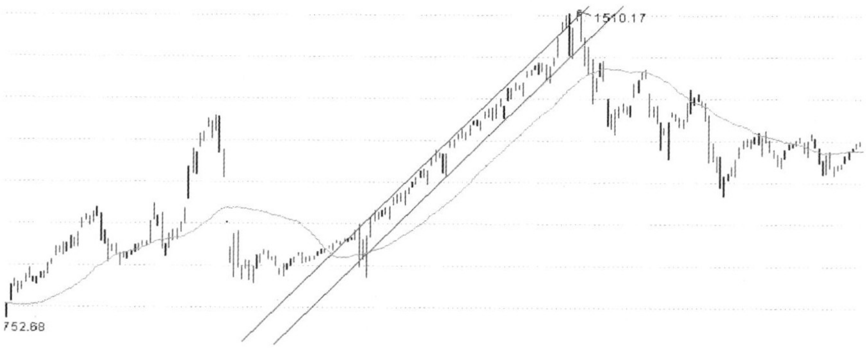

图 2-20

如此高的上涨速度。

四、下贴形态

在上升趋势中，如果股价在通道下轨的支撑下上涨，但没有触及通道上轨，而是贴着下轨运行，并三次触及下轨，也是趋势逆转的形态，见图 2-21。

在上升趋势中，如果出现这种形态，表明资金流入的速率已经减弱，向上的运行动力不足以维持原有的上升通道，多空力量的对比开始接近反转点，一旦跌破上升通道下轨，就要警惕上升趋势的结束。

在下跌趋势中也会出现类似的情况，如果一组下跌没有触及下降通道的下轨，在随后的反弹中却触及通道上轨，这也是趋势改变的信号，即使随后不出现反转行情，也预示着要出现较大级别的反弹。如图 2-22 所示。

下面是一个实战的案例，这是沪市 2015 年见 5178 点之后的第一组

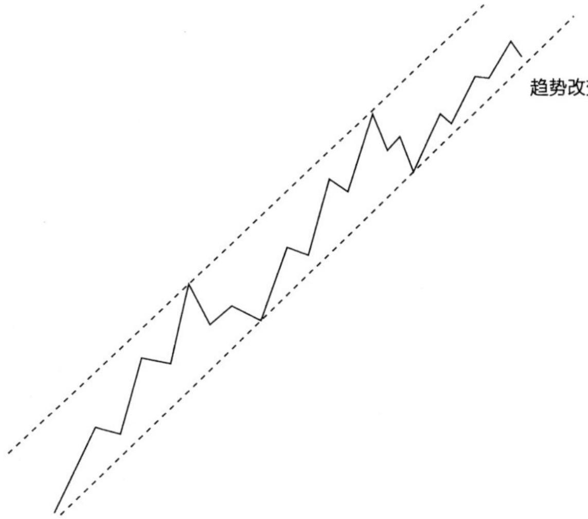

图 2-21

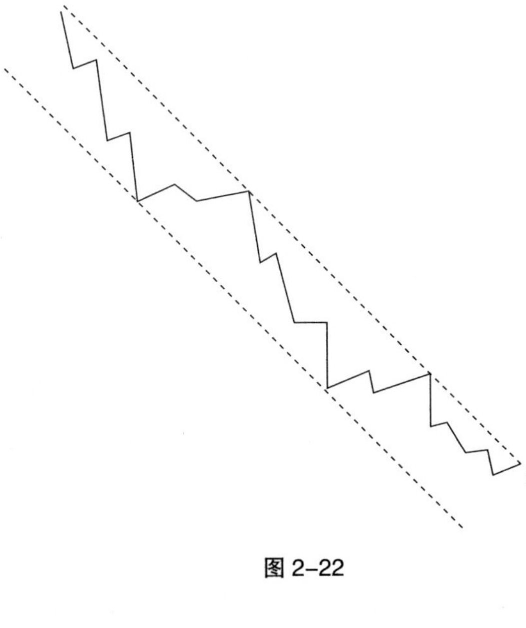

图 2-22

下跌图形，这组下跌的结束点会出现在哪里呢？市场的运行给我们提供了答案，如图 2–23 所示。

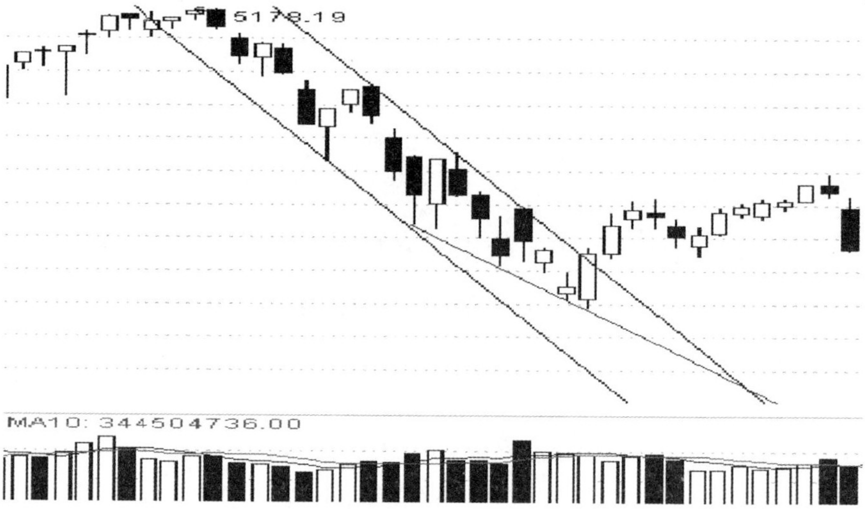

图 2–23

我们看到，大盘在连续下跌之后，低点的连线开始变得平缓，已经偏离了原有下降通道的下轨，并且和通道上轨的距离越来越近，如果再结合形态的内部结构（九波下跌）和下档的支撑位置，我们就可以得出反弹即将开始的结论。

上述趋势转折形态，要比传统技术分析给出的转折形态更具有可操作性，其卖出点和买入点的选择也可以大大提前。比较一下趋势判断法与传统的形态判断法就可以看出其中的差别，我们还是以头肩顶为例，见图 2–24。

图 2–24 显示，同样是头肩顶形态，传统技术分析的卖出点是在突破颈线位的反抽位置。而趋势分析法可以在趋势转弱的情况（下贴形态）

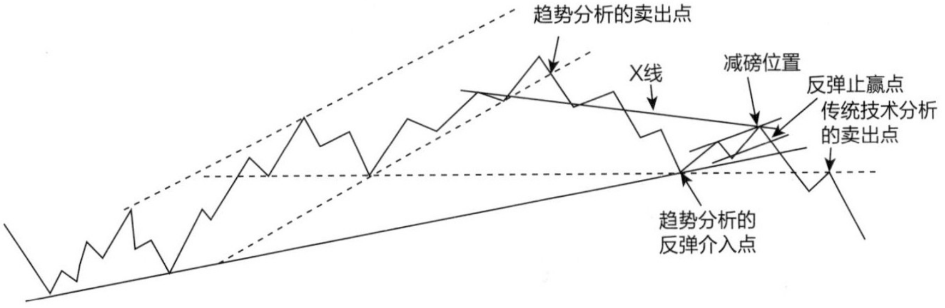

图 2-24

下发出预警，在跌破通道下轨处及时离场。如果在颈线位出现了形态、时间、势能、量能、位置（前期调整密集区的底边）的共振，还可以在下跌途中再次博取反弹收益。

2.3 整固形态

整固形态是指一个大趋势运行中间的次级修正形态，它是相对于持续形态和转折形态而言的。也就是说，整固形态不会改变大的趋势，但是会对前面的同等级别的上升或下跌趋势做出修正。在价格变动的过程中，整固形态占据了绝大多数，而且由于变化很多，也是最难预测和把握的形态。在整固形态完成之后，股价一般还会沿着原有的方向继续前进。如图 2-25 所示。

我们一般所说的整固形态是指日线级别的调整，如果是月线级别的调整，就可以看成是日线级别的转折形态了。整固形态又可以分为之字形，平台形、三角形以及组合形（即前三种形态的组合形态，中间通过

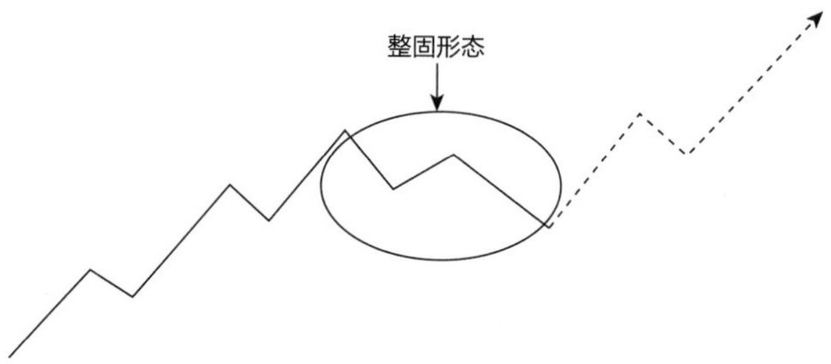

图 2-25

X 浪过渡），根据笔者观察，波浪理论关于调整波的总结，基本上概括了整固形态的所有变化，不熟悉整固形态的朋友可以找一本介绍波浪理论的书，认真阅读有关章节。不过笔者在这里要提醒一句，即使我们完全了解了调整波，也很难做出准确的预期。因为整固形态往往是完成以后才可以确认。在调整过程没有结束前，依然是多种可能性并存。更为尴尬的是，如何来区别调整还是转折呢？在什么情况下能够断定调整已经结束？有什么办法可以在调整波行情中获得确定性的盈利机会？这就需要我们将波浪理论中关于调整波的研究与趋势判断结合起来，以找到解决问题的关键点。

图 2-26 是一个反弹之后的之字形调整，其形态分布是 5-3-5 结构，但股市的复杂性在于，即使是最简单的形态，判断起来也没那么容易。假定在实战操作中出现这种形态，你能够确定这是上升过程中的一次回调，还是下跌过程中的持续形态？如果我们拘泥于波浪理论，几乎是"一切皆有可能"，很难得出确定性的结论。为了弥补原有技术分析理论的不足，我们需要将整固形态放入趋势中加以研究，根据整固形态在趋势运行中的位置，笔者将其分为两种类型，一种是趋势转折点之后的蓄势形态，另一种是趋势形成后的确认形态。下面我们分别对它们加以说明。

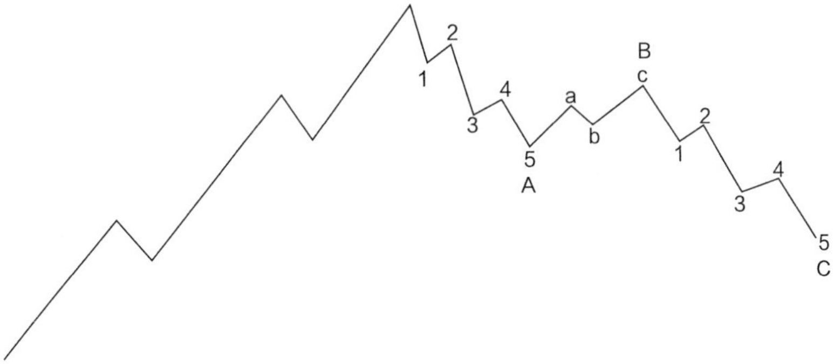

图 2–26

第一种类型的关键点在于，如何将蓄势形态与原有趋势的持续形态加以区分。区分的方法在于，观察反弹之前股价的运行是否出现了通道内或通道外的变轨，以及第一波反弹与原有下降轨道之间的关系。见图 2–27 所示。

图 2–27 中由椭圆形圈出的部分，究竟是下跌的持续形态还是上升的整固形态，如果仅仅是数浪，很难有确定的判断结果。但放到趋势运行

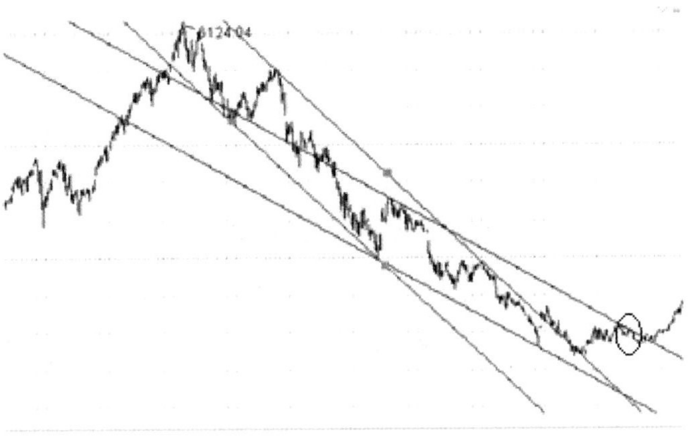

图 2–27

中则一目了然。我们看到，在反弹前的最后一跌，指数已经走出“反贴”形态，沿着原有通道的上轨调整，这是我们前面介绍过的转折形态之一。第一波反弹的高点已经触及修正后（按照变得平缓的低点连线得出）的下降通道的上轨，并且在随后的调整中紧紧贴住上轨下行，这是趋势转变的明显信号。至此我们可以肯定，这一波回调是进一步反弹的蓄势形态，一旦指数盘出第二通道上轨的压制，就构成再次买入的机会。用同样的方法也可以判定在第一组下跌之后的反弹是下跌趋势的蓄势形态还是上升趋势的持续形态。一是看下跌之前是否出现了上升趋势的转折，二是看反弹的高点是否受到 X 线的压制。见图 2–28 所示：

图 2–28

图 2–28 中用椭圆形标出的部分是下跌蓄势还是调整后的新一波上攻呢？如果仅仅看形态，我们很难事先确定它的性质，放到趋势运行中判断就不会产生什么歧义。大盘的第一组下跌不仅破坏了短期上升通道，而且也跌破了中期上升趋势线。因此可以事先判定这波反弹仅仅是下跌

中途的蓄势形态，后面至少还会跟随一组同等级次的下跌。因此，可以在之字形反弹到X线和中期趋势线的交叉点做获利了结，不用等到确认反弹结束再卖出股票。

第二种整固形态的类型为趋势形成后的确认形态，这通常出现在两组上升后的回调整理阶段。这个阶段的关键问题是如何判断当前的调整是趋势转折还是趋势延续，以图2–29为例。

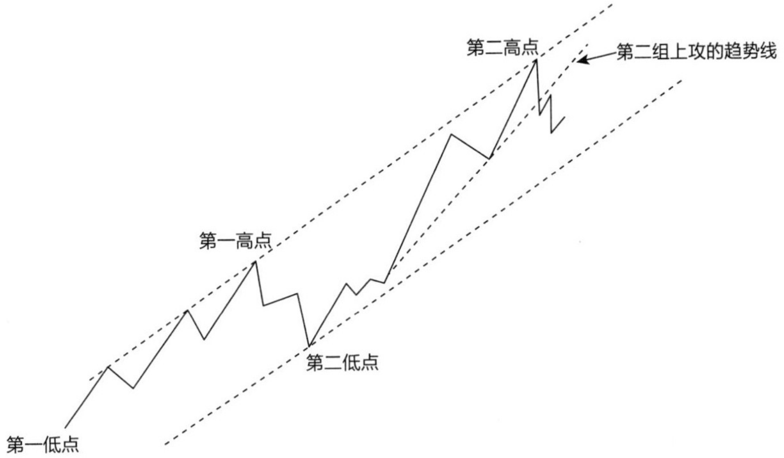

图2–29

在大盘经过两组上攻之后，出现了一个短促的急跌，这时你会做出什么判断？是上升趋势已经结束还是仅仅是一个中间调整？大盘已经跌破了第二组上攻的趋势线，我们可以判定，这至少是对第二组短期上升趋势的修正，分时图上走出一个之字形，且随后的反弹高点已经与之字形的第一个低点重合，但并没有回踩到本轮上攻的趋势线下轨，这说明本次回调属于整固形态的可能极大，但回调应该还没有结束，在经过X浪反弹过渡之后，往往还要再经过一组调整波形态，回踩趋势线下轨。图 2-30 是实战图形。

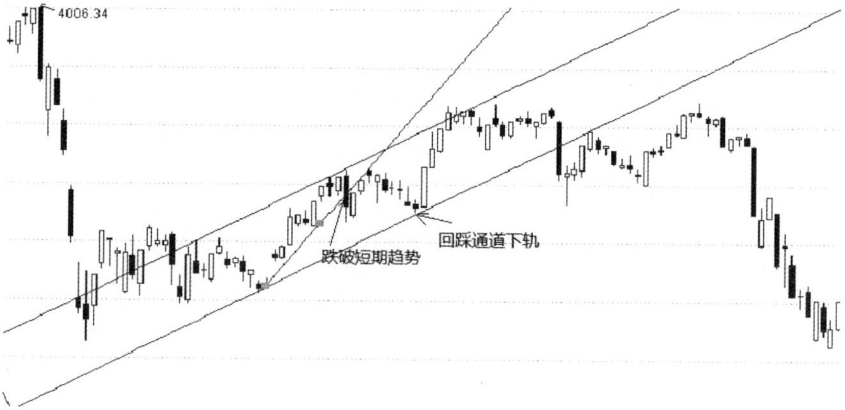

图 2-30

这是沪指自 2015 年 8 月 26 日至 11 月 9 日的一段反弹行情，大盘在上升的中途，以一根中阴线跌破第二组上升的趋势线，如何判断这个调整呢？在这里，形态判断和趋势判断的结合可以为我们提供确定性的答案。第一组下跌在分时图上的形态是一个之字形调整，在尾盘的反弹就已经和第一低点重叠，但由于没有触及上升通道下轨，且时间仅仅为一个交易日，说明调整有可能还没有结束。果然，在经过一个小 X 浪的反弹之后，沪指再度走出一个之字形整理，并且以一个小楔形结束了最后的下跌，落点正好在通道的下轨处获得支持，随后，沪指又继续展开反弹，并创出短期新高。

这个图形具有普遍的意义。不管调整形态多么复杂，只要是在趋势运行的范围内，都属于整固形态，在触及通道下轨（在下跌趋势中就是通道的上轨）时，如果和时间周期（这一个问题将在下一章专门讲述）吻合，就是一个很好的再次买入点（在下降趋势中就是卖出点）。如果投资者没有在前面的高点卖出，也没有必要急于在不确定的位置卖出手中持股，可以继续观察股价在通道下轨的表现，再做加仓或者是减仓的决定。

之字形是最简单的调整形态，但要判断它是转折形态还是反转形态，甚至判断调整是否完成，却不是那么容易的事，以图 2–31 为例。

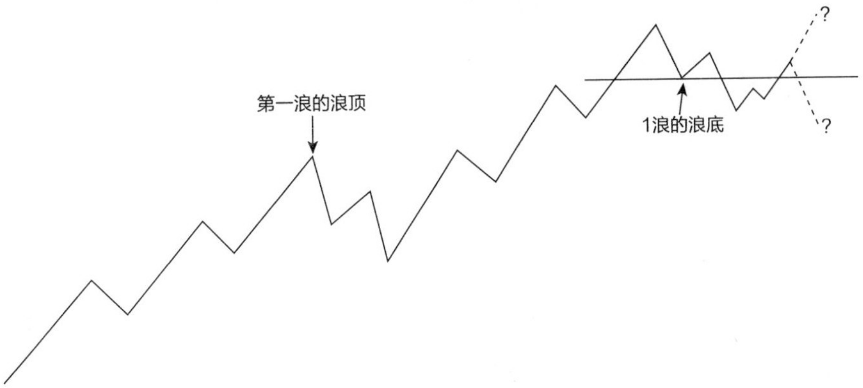

图 2–31

图 2–31 这个形态，在实战中经常可以见到。走成这样的形态，我们能够断定这是一个调整波还是一个趋势转折点吗？如果是调整波，走到这里是否已经调整完毕？以往我们是用波浪理论的铁律，即“第四浪不能和第一浪的浪顶重叠”作为判断标准。可是这种方式过于滞后，当股价跌破第一浪的浪顶之后，回调幅度已经很大。另外，向上超越调整的第一个低点，并不能排除大盘会走楔形下跌的可能，并且不能断定调整是否到此结束或是以二重三和三重三的方式继续延续下去。对此，我们可以用双重趋势判断法，将调整点准确定位。第一重趋势判断，就是用我们前面介绍过的画趋势通道的方法，以第一高点和第二高点的连线作为上轨，通过第二低点画与上述连线的平行线，得出通道下轨，然后

看之字形调整的结束位置是否在下轨处获得支撑，如果走势吻合，就可以作为第一个确认点。然后将之字形调整的两个低点的连线作为返回线的下轨，通过第二个高点画返回线的平行线，如果细分走势是5–3–5的结构，那么，当股价超越了平行轨道的上轨（见图中用虚线标出的向下通道）之后，就可以对调整结束做二次确认。后面的事情就比较简单了，我们只需通过观察大盘在通道内的运行，来判断趋势是持续还是演变出转折形态，见图2–32的标示。

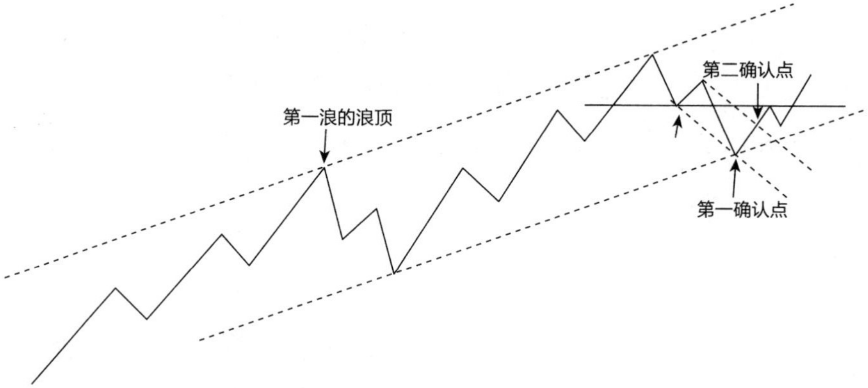

图 2–32

这样一来，形态判断和趋势判断就可以很好地结合起来，如果再配合时间和量能指标，就可以大大增加预测的准确率。由于调整波的形态非常复杂，而且很多变化似是而非，同样的浪形，不同的人会有不同的数法。笔者的体会是，与其困扰于波浪的各种可能，还不如将问题简化，考察形态与趋势的关系，只要没有破坏趋势，就不必过分纠缠于波动细节。如果趋势被破坏，再结合波动形态来预判下面的演化路径。经过长期观察笔者发现，在通道的位置来判断形态变化的可能，准确率会提高很多。也可以避免波浪形态可能性过多带来的困扰。

在笔者的测市系统中，整固形态的意义，首先在于它不能破坏已经形成的趋势。如果一个假定的短期整固形态，将中期通道的运行趋势破坏，就要考虑原来假定的整固形态为转折形态的可能。其次，整固形态在没有破坏原有趋势的前提下，应该以相互重叠的方式来完成。相互重叠，意味能量交换处于平衡状态，不会形成相反的趋势。即使是之字形调整，虽然 C 波的结束点往往会低于 A 波的结束点，但在 C 波结束后的上升中，很快就会超越 A 波的低点，发生高低点的重叠。

通过对形态的观察，我们可以了解趋势运行背后的能量转化过程，在形态发出调整或转折的信号时，能够预先做好应对的准备，而在形态还没有显示趋势结束的时候，则避免进行逆势操作，这就是我们关注形态的意义所在。

Chapter 3
当钟声响起的时候
——时间周期与趋势转折

在上一章我们探讨了股价的趋势运行与股价形态之间的关系，并解读了趋势的形成、延续和转折如何通过形态的变动来实现。现在的问题是，股市的形态变动，特别是形态高低点出现的时间，是一个随机性事件还是有一定的规律可循？如果股价的波动符合时间节律，它们与股价的趋势运行又是什么关系？根据笔者多年的观察，股价的波动，特别是长期、中期和短期的转折点，都符合一定的时间节律。一般而言，趋势运行与时间周期的关系主要表现在以下三个方面：一、趋势内的波动折返点，通常都与同一级别的时间节点相吻合；二、趋势的逆转（指月线级别的牛熊转换），同时也是短期、中期和长期时间周期的共振点；三、趋势的运行与趋势的修正都符合时间周期的比例关系。

至于股市运行为什么会有时间周期，就像问我们生活其中的宇宙为什么会有稳定的波动频率一样，这是一个形而上学的问题。以目前人类的认知水平，我们只能说这是“上帝”的安排。世间万物，大到宇宙星云，小到基本粒子，都有各自的波动频率。银河系围绕本超星系团中心公转一周的时间大概是1000亿年，太阳系围绕银河系中心公转一周的时间大约是2.5亿年，地球围绕太阳旋转一周，需要365天，这365天又可以按照太阳对地球辐射角度的变化分为春夏秋冬不同的季节，地球自转24小时为一天，每天又有黑夜和白昼的交替。在常温下，固体内的原子都有固定的震动频率……地球上的生命现象因为要对抗热力学第二定律，必须从外部获取能量，以完成系统内部的自组织过程。它的周期律与无机世界的物理定律有所不同，因为要与外部进行能量交换，它的周期波动是呈螺旋形增长的。人类的经济共同体也是一种生命现象，有其自身的周期律，小到个体的生老病死，大到一个民族国家的兴盛与衰亡，都与时间周期有关。股市的波动，可以看成是人类经济共同体生命节律的“心电图”，它的每一个高峰和低谷，符合特定的周期节律。只不过在这个“心电图”上，我们看到的不是固定的“心跳”频率，而是一种成长性的周期波动。

关于股市的时间周期分析方法，比较著名的有江恩理论，螺旋历法等，这些方法都有其各自的拥趸，且在实战中也有成功的案例。但应该看到，这些方法也存有不足之处。一是在时间节点上缺乏精确的判定标准，可以容忍较大的误差值，标准的粗放导致“差之毫厘，失之千里”，出现判断错误时又难以找到纠错的方法；二是在理念上缺乏清晰的逻辑，很难为一般投资者掌握；三是没有证伪的标准，如果列举出一系列时间节点，偶尔碰上一两个，从概率上来讲应该是不难的，但这种标准的模糊并不能证明方法的有效性，也不能证明在什么情况下这个方法不成立。对于一般投资者而言，需要的是一种更加简洁，并且更具操作性的周期判断法。

3.1 股市的节律

股市波动作为社会经济体的“脉象”，符合自然生长的规律。与这种自然生长规律相契合的时间周期，则是斐波那契数列及其倍数。所谓斐波那契数列，就是 1、2、3、5、8、13、21、34、55、89、144……该数列有一个规律，即每一个斐波那契的数字是前两个斐波那契数字之和，比如 3=1+2；5=2+3；8=3+5；13=5+8……而且相邻两个数的比例接近于黄金分割率。它表现为一种螺旋式生长的过程，与人类社会不断进化的生命节律有比较大的一致性。所谓斐波那契数列的倍数，是指除 1、2 之外的所有斐波那契数列的倍数，比如，2×8=16；3×8=24；2×13=26；3×13=39；2×34=68……根据笔者的经验，在中短期波动中，8 和 13 的倍数周期是比较常见的，其中 8 的倍数出现概率最高。在长期波动中，有时会出现 34 的周期倍数。

时间周期可以应用到日线、周线和月线，甚至小时线，但有一个重要的问题需要注意，这就是周期计算起始点的选择。起始点的选择必须是一个波段的结束点，通常都是一组波动的最高点或最低点。具体的计算方法是，从一个波动的起始点之后的第二个交易日（或周、月、小时等）数起，当一组形态有可能结束的时候，检查它与斐波那契数列的哪一个时间点相吻合，在排除了其他可能的形态之后，我们就可以比较准确地把握波动的高点和低点，并做出预判。起点的选择非常重要，起点选择错误，后面的计算就不可能正确。

如果在某个位置只有一个高点或低点，起点的计算还比较好处理，但如果在同一个位置出现多个低点或多个高点，且这些点几乎处在同一个水平线上，时间周期的计算就要费一番周折。这时，需要反复验证哪一个点与前后周期的契合度更高。2016 年 5 月沪市在阶段性低位出现了三个几乎平行的低点，见图 3–1。

在图 3–1 中，大盘调整至 2781 附近，出现了横向盘整，有三次探底都打到 2781 点的位置（见图中 X、Y、Z 所标示的三个低点）。这时，以

图 3–1

哪一个低点作为时间周期的计算起点，就有很大的差别。为了避免错误，应该逐一验证三个低点与前后走势对应的情况，列出三种与之相对应的可能，然后看哪一种可能与形态、位置、势能等指标更匹配。一开始笔者用第一个低点作为计算起点，但在后来的测试中，却发现与形态上的转折点对应不上。最后验证的结果，还是应该以第二个低点，即 Y 点，作为计算的起点更为恰当。这是因为，第二个低点是从 3097 点调整以来的第 24（3×8）个交易日，本身符合倍数周期，以这个低点作为计算的起始点，后面的计算就比较顺畅。从这个低点算起的第 13 个交易日，见第一组上升的高点，随后调整了 13 个交易日，又开始第二组上攻。同样是在第 13 个交易日见第二组上攻的高点，在调整了 13 个交易日以后，形态上也正好触及上升通道的下轨，展开第三组上攻。在第 13 个交易日见次高点，同时这个时间点也是从 Y 点上升以来的第 64（8×8）个交易日。大盘在这个位置见顶回落，随后的调整跌破了这一组上升通道的下轨。

高点的计算也有这种情况，图 3–2 是沪指 2015 年下半年在下跌途中的一段反弹行情。

图中椭圆形标出的区域有三个高点几乎平齐，究竟以哪一个高点

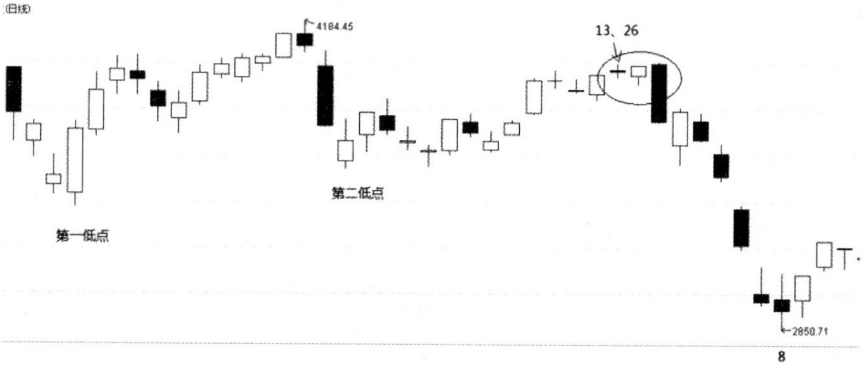

图 3–2

作为计算起点呢？经过逐一推算，笔者认为应该以第一个十字星的位置作为计算起点，究其原因，这个交易日是从反弹起始点开始的第 26（2×13）个交易日，从第二低点开始的第 13 个交易日。并且，从这个点向后推演，也与后面的转折点吻合，以这个高点作为计算起点，向后延伸，正好在第 8 个交易日见 2850 的转折点。如果用后两个交易日作为计算起点，时间周期很难与前后的形态相互契合。

关于起点的选择，一定要保持严谨的态度，如果有不确定性，就要通过逻辑排除法缩小选择的范围，不能轻易下结论。这里有一个典型的案例，沪指在 2015 年从 5178 点下跌到 2850 点以后开始反弹，当时笔者误以为这是下跌 C 浪的第 3 浪浪底，还应该有一个第 5 浪下跌，由于这个第 5 浪没有走出来，笔者就认定从 2850 的回升是第 4 浪反弹，其后的次低点 2983 才是失败 5 浪的结束位置，周期起点应该从这个低点算起。按照这个思路，沪指自 2983 点走出了一个明晰的 5 波推进，后面在经过平台整理后，笔者认为，还应该有一个 5 波推进的反弹，但实际情况却并非如此，见图 3–3。

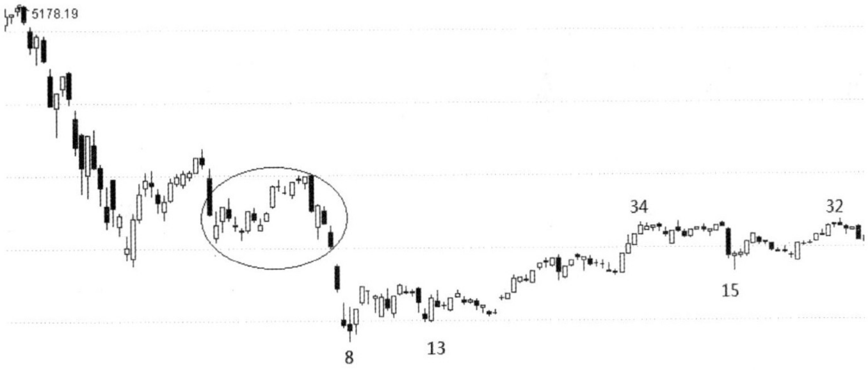

图 3-3

从图中第二个低点 2983 算起的时间周期，在后来的 5 波推动中还比较准确，这也是周期的特性，即独立的一组波动也符合周期的节律，但在后来的行情发展中，并没有出现假定的 5 波推动，而是经过一个三波反弹之后，再一次连续下跌。经过复盘笔者才发现，问题出现在原来假设的第二浪反弹（见图中椭圆形圈出的位置），其实是第一组 A–B–C 组合中 B 浪的一部分，并不是 C 浪的第 2 浪反弹。这个假设并不是可以任意调整的，因为有时间周期比例的约束。读者朋友请注意，椭圆形圈住的那一组反弹一共用了 13 个交易日，比前面假设的 B 浪反弹（只有 11 个交易日）用时还要多，这不符合股市波动级次的逻辑。我们会在后面第七章里再详细讨论这个问题。合理的解释是，应该将图 3-3 中椭圆形圈出的那一组反弹看作是 B 浪反弹的二重三形态，即 B 浪运行了一个双重之字形，椭圆形圈出的部分是第二组之字，后面的 C 浪只运行了 8 个交易日，在 2850 点已经结束。如果这样算起来，在 2850 开始的反弹，形态上就是 5–3–5 的之字形，后面 A–B–C 的 3–3–5 形态就比较容易理解了。时间周期也可以算得比较精准。图中的数字是每一个波动所用的时间，与周期完全吻合。

时间周期在长期走势上也体现得十分明显，如果我们从每一次牛市的起点开始计算，就都可以找到趋势转折点与时间周期相对应的位置。与之相反的调整走势也是如此，从股市见顶的位置向下推演，我们可以看到趋势转折点与时间周期完美契合的种种例证。打开沪指的月线图，呈现在我们眼前的，似乎是一幅有着神秘节律的股市“心电图”。如图 3–4。

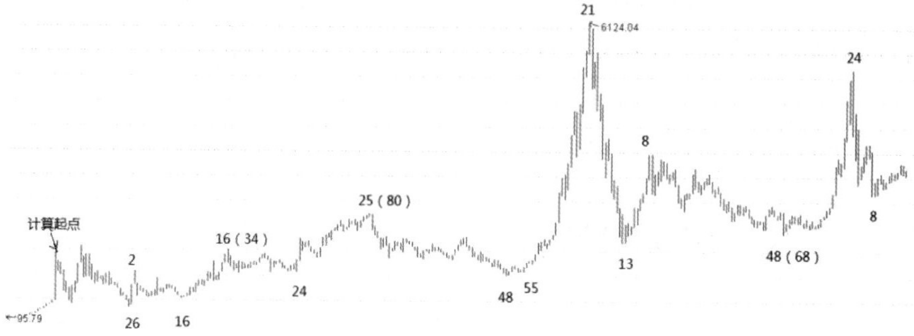

图 3–4

在图 3–4 中我们可以看到，大盘的每一个大的顶和底都与月线的时间周期吻合，有时候转折点正好发生在斐波那契数列表示的时间窗口，有时候则出现在斐波那契数列的倍数节点。沪指出现的第一次月线级别回调，从第一个高点算起，历时 26（13×2）个月，见调整底部。随后的反弹用了 2 个月时间，接下来的调整耗时 16（8×2）个月，随后的上升也用了 16 个月，从最低点 325 点到 1997 年 6 月的阶段性高点合计 34 个月。紧接着的调整用了 24（8×3）个月，调整之后的上升构成了完整的推动波形态，从 325 的启动点算起一共用了 80（8×10）个月。对这一组上升的调整耗时48（8×6）个月，次低点为55个月（因为最后一波走出失败形态）。从次低点的第55个月算起，后面的牛市用了21个月的时间。紧接着的第一波调整用了13个月，反弹8个月（合计21个月），再次的调整用时48（8×6）个月，全部A–B–C调整波完成的时间为68（34×2）个月。从2013年开始的牛市一共经历了24（8×3）个月，从牛市结束点5178点算起，在第8个月见阶段性低点……这一系列的周期波动率，就像是一篇跌宕起伏的乐章，乐章上的每一个K线“音符”，随着股市旋律上下起伏。作为一种理想的追求，趋势投资者所能达到的最高境界，就是选择股市波动的起点，按照时间周期与股价形态同时起落的节奏，与股市“共舞”。

3.2 不同周期的缠绕

时间周期按照起始点和结束点的不同，又分为不同的周期频率。具体来说，时间周期可以分为低谷见低谷，高峰见高峰，低谷见高峰以及高峰见低谷这几种不同的周期频率。不同周期在股价的趋势运行中相互缠绕，形成一支资本市场的协奏曲。如果能熟练地掌握各种不同类型的周期节点，股市的随机波动就可以一目了然了。

所谓低谷见低谷的周期，是指反弹的第一个低点与第二个低点的时间序列为一个周期，即从最低点开始的反弹，在第一个高点折返不符合周期或周期不明晰，而是在回调后的第二个低点见周期节点，如反弹在第7个交易日回落，在第13个交易日开始第二组上升，就是低点见低点的周期。在大多数情况下，低谷见低谷的周期后面会跟随一个低谷见高峰的周期，即从第二低点开始的反弹用时为一个完整的序列数。比如第一组的反弹加回调用了 8 个交易日，则第二组反弹用时也是 8 个交易日，如图 3–5 所示。

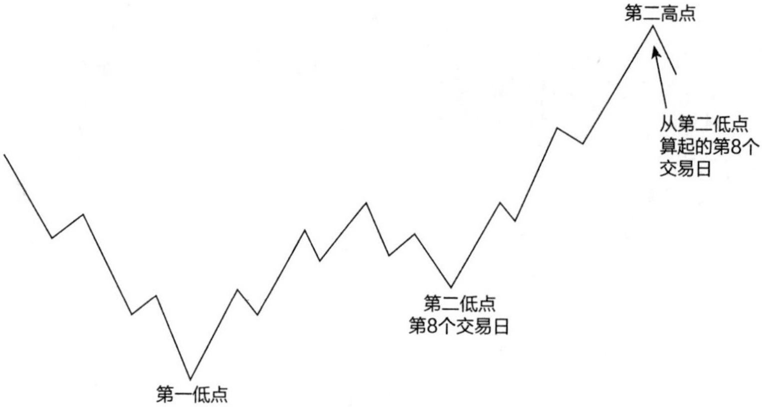

图 3–5

图 3–5 是低谷见低谷与低谷见高峰的周期组合。低谷见低谷的周期多见于反弹的第一组结构，并且和低谷见高峰的周期组成一个完整的时间序列或其倍数。比如在图 3–5 中就是低谷见低谷为 8 个交易日，低谷见高峰也为 8 个交易日，合起来是 16 个交易日。当然，也有各自完成各自的周期，在前面的图 3–3 中，就是先见了一个低谷见低谷的周期（13 个交易日），然后就是一个低谷见高峰的周期（34 个交易日），它们相加之和为 47，这个数并不是周期数列，这就要通过后面的第 48（8×6）个交易日的平行振动来过渡。

所谓高峰见高峰的周期，即从第一个高点调整之后，在第二个反弹高点形成了一个完整的周期，如果是运行一个大级次的调整波，有时候还会在第三个反弹高点再次形成更大跨度的时间周期节点。比如沪指从2015年11月9日的高点开始调整，在第13个交易日见第二个高点，又在第32（8×4）个交易日（从第一高点算起）见第三个高点，见图3-6。

图 3-6

在图3-6中，沪指大盘在第13个交易日见第二高点之后，在第15个交易日见调整低点，随后开始17个交易日的反弹。请注意，15和17都不符合典型的时间周期规律（虽然15也是5的倍数，但作为时间周期的转折点却极为罕见），反而是在两者相加的第32（8×4）个交易日见到了第三个高点，形态上的走势是一个平台形，随后就是一波历经24（8×3）个交易日的C波下跌。

所谓低谷见高峰的时间周期是指，从低点开始的反弹经过一组上升，在时间周期节点见反弹高位。比如沪指自2016年1月27日的反弹，在第13个交易日完成第一组上攻，随后展开了5个交易日的调整，在第18（13+5）个交易日开始另一组反弹，再走一个低谷见高峰的周期（32）。见图3-7。

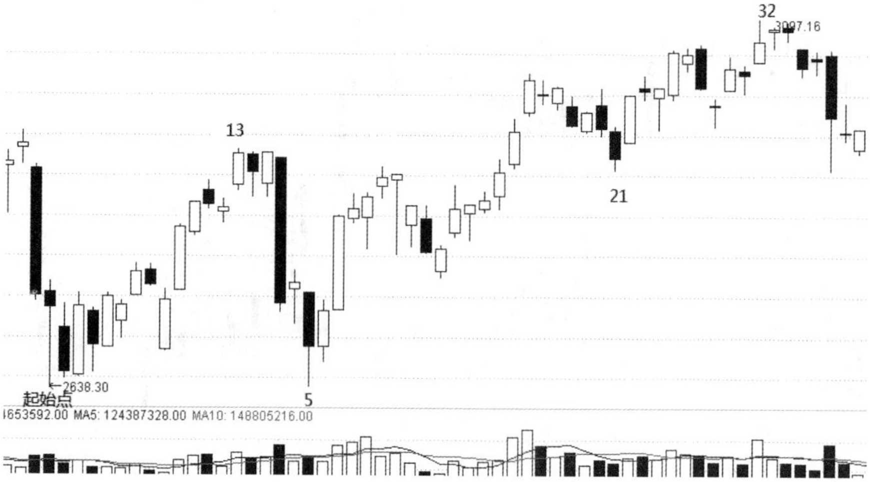

图 3–7

这是典型的低谷见高峰和高峰见低谷，再加另一组低谷见高峰的周期组合，也就是说，每一个高低点都可以构成一个完整的时间序列或其倍数，这是比较经典的组合形态，把握的难度也相对较小。

所谓高峰见低谷的周期，就是一组下跌或调整形态完成时，恰好与一个时间周期相吻合。比如从高点下跌的第 8 个交易日或第 13 个交易日正好完成调整形态。图 3–9 中，沪指从 2015 年 12 月 23 日开始下跌，在 2016 年 1 月 27 日见 2638 的最低点，历时 24（3 × 8）个交易日。

在这几种周期与形态的组合中，高峰见低谷和低谷见高峰属于标准组合，高峰见高峰和低谷见低谷的组合更像是在剧烈波动中出现的节律失调，这有点像跳舞时踩错节拍之后用垫步来调整一样。此刻我们要注意两点，一是高点周期和低点周期的缠绕，二是高点周期与低点周期的重叠。所谓周期的缠绕是指低谷见高峰的周期和高峰见低谷的周期混合在一起，各走各的周期，形成相互缠绕的周期振动。当这种缠绕的周期

图 3–8

在经过一段时间的调整后，其震动节点会在某一个位置上重叠，这种周期的重叠之处，往往是股市重要的转折点。这里涉及时间周期的另一个重要概念——“共振”。

3.3 周期的共振

时间周期的共振，有两重含义，第一重含义，是指不同级次的时间周期，比如月线和周线，周线和日线，日线与小时线的周期节点，在某一个时段上发生重叠。第二重含义，是指我们前面列举的高点周期和低点周期的相互缠绕，在同一个位置出现交汇的现象。

周、月线周期与日线周期在一个阶段出现时间节点的重叠，笔者称之为“长短共振”。比如，沪指在2015年冲击5000点的阶段，从1849点算起，进入第24个月的月线周期，同时周线上在运行最后一个波段时已经达到16个交易周，而日线则在第26个交易日走完了收敛的转折形态，这时，月线、周线、日线周期发生共振，都指向6月份的某个特定交易日，再配合形态的分析，大盘在这里见大级别转折的概率就大大增加了。见图3–9。

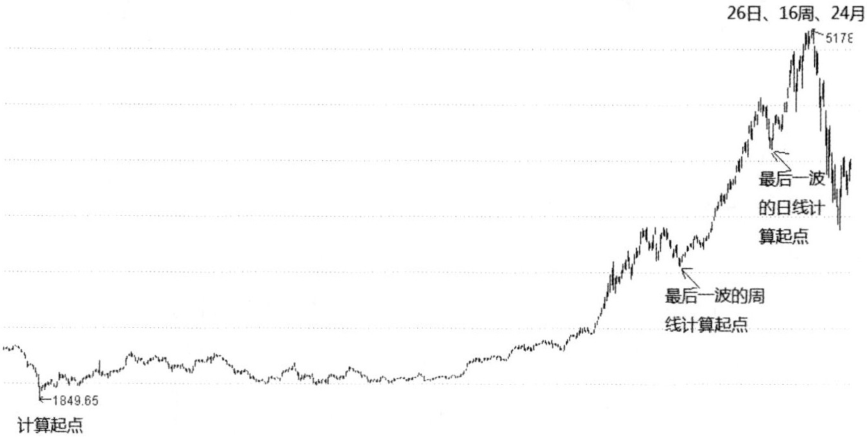

图3–9

图3–9中沪指的5178点，是沪指月线、周线、日线时间周期的共振点，配合形态、势能、量能和轨道线，就可以预先判断出大盘见顶的位置，帮助我们在最高点附近成功逃顶。

2013年的底部形态也是月线、日线发生共振的完美案例。见图3–10。

大盘自6124点见顶回落之后，经过68（34×2）个月的调整，形态上完成了一组A–B–C走势，其中C波走出了楔形，历时48（8×6）个月，在楔形完成的地方，日线的最后一波走了16（8×2）个交易日，在

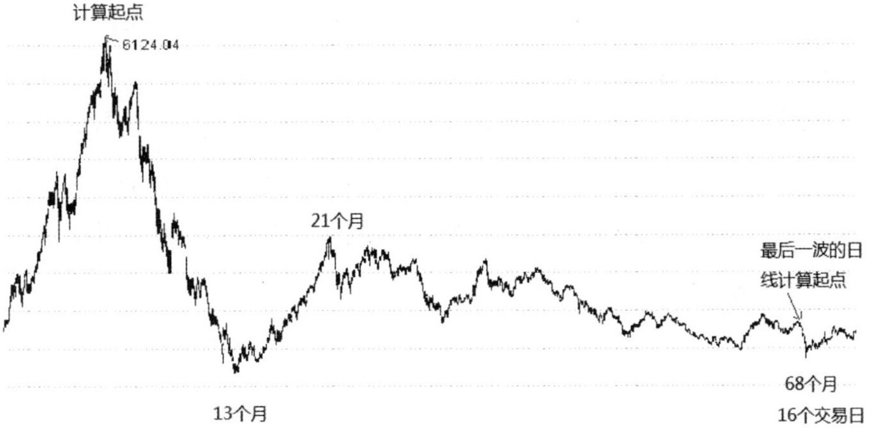

图 3–10

沪指形态触及楔形底边的同时，月线周期与日线周期发生共振，形成趋势转折。

在上一节中我们介绍了周期缠绕，即不同频率的周期在一个组合形态中相互交错、同时出现，它通常出现在股价发生剧烈波动的时候。但这种情况不会维持很长的时间，经过一段时间的运行之后，市场会自发做出调整。不同频率的周期会在某一个时间节点上发生“缠绕共振”，所谓缠绕共振是指不同频率的周期在同一个交易日出现时间节点的重合。见图 3–11。

图 3–11 很好地描述了各种周期的缠绕，以及缠绕之后在某一个节点发生共振的情况。大盘从 5178 点算起，到第一个折返点为 18 个交易日，并不符合周期序列（但我们也有其他的办法发现这个转折点的到来，见第二章图 2–22），反弹的第二个折返点出现在第 21 个交易日，构成了一个高峰见高峰的周期。随后第 5 个交易日（从第一折返点算起）见第三个折返点。在第四个折返点再次出现高峰见高峰的周期，即从第二个折

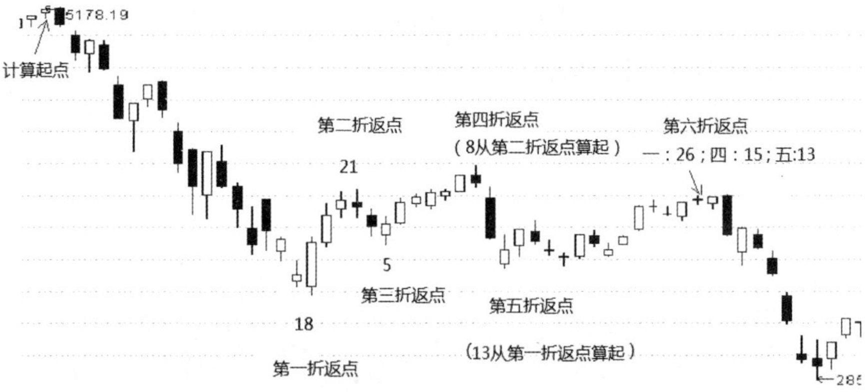

图 3–11

返点到第四个折返点一共用了 8 个交易日，随后在第五个折返点出现低谷见低谷的周期，即从第一折返点到第五折返点一共用了 13 个交易日。从第五个折返点开始，到第六个折返点用了 13 个交易日，又构成低谷见高峰的周期。这时，从第一个折返点计算是第 26 个交易日，第四个折返点计算是第 15 个交易日，从第五个折返点开始计算是第 13 个交易日，时间周期的节点都在第六个折返点同时出现，在这个相互缠绕的周期发生共振的地方，就是 B 浪结束的位置，随后大盘开始了历时 24 个交易日的 C 浪下跌。

当出现盘整走势时，在一个形态（三角形、二重三或三重三的组合形态）内部，会出现多个低点和高点，这中间的周期共振也会出现多点缠绕的现象。通常在复杂调整形态中，仅仅依靠数浪的方法往往很难做出事前的预判，但结合时间周期和趋势分析，就可以增加复杂形态的可预见性。

时间周期的运用，必须和形态结合起来加以分析，周期发生共振也应该是形态正好走完一组推动波或调整波之后，这也可以称之为形态与时间的共振。比如在下图 3-12 中，时间周期的节点与形态结束的节点同时发生，就构成了重要的转折点。

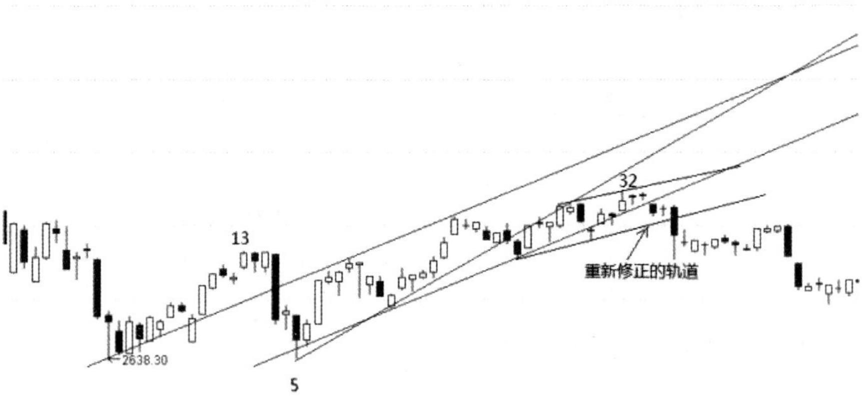

图 3-12

图 3-12 中，第 32 个交易日形态出现具有转折意义的下贴走势（即贴着原有上升通道的下轨运行），并且在修正后的轨道上轨遇阻回落，这个时点正好是从第二低点开始反弹后的第 32 个交易日，出现转折的概率大增。

3.4 变奏与调整

总体来说，股指运行的每一个转折点大体上都是符合周期的，但也有例外的情况。比如，一组从低点开始的反弹或者从高点开始的下跌，由于市场过度恐慌，出现了周期改变节奏的情况，在第 14 天或第 18 天出现转折，而这两个交易日明显不是时间周期的节点。这就好比一个人在突发情况下，会出现心率过速，早搏、间歇等状况。股市也是一样，在极度恐慌或极度亢奋的情况下，会出现“心电图”的异常，有时需要经过几次调整才能恢复到正常的状态。这就是我们所说的时间周期的变奏。这给我们的预测系统带来了一定的困扰。但幸运的是，凡是出现周期变奏的情况，市场会迅速做出调整，即在随后的下跌或反弹结束点，再次与时间周期的节点相契合。这种变奏和调整，又分为两种类型，第一种类型是两组变动中有一组变动不符合周期，但两者的相加符合时间周期，即通过两组相对的运动完成周期的调整，我们还是以 2015 年下半年的震荡走势作为案例来加以分析。见图 3–13。第一组下跌经历了 15 个交易日（也可以算作倍数周期 3 × 5=15，），走出了一个扩张平台，然后又反弹了 17 个交易日（作为 34 的半数在日线周期上十分罕见），在第 32（15+17）个交易日合并成一个周期，并出现形态转

图 3–13

折，至此，变奏与调整完成。

第二种类型，是在一组波动，比如一组下跌之后，在时间节点上出现了反弹，按照股市的逻辑，在这个位置应该出现周线级别的修正走势，但反弹只持续两个交易日，就在随后的调整中再创新低，且新低点不管是从调整的高点算起，还是从低点算起都不是时间周期的节点，这又如何来预判呢？事实上，这种情况通常是扩张平台的走势，时间节点的变奏需要一个完整的反弹来重新进行调整。见图 3–14。

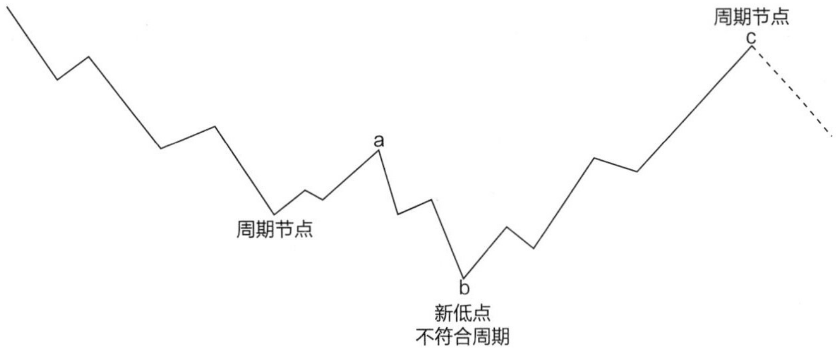

图 3–14

图 3–14 提示了一个需要注意的特殊形态，在下跌中途，大盘在时间节点出现反弹，但没有完成量度升幅，就再创新低，随后在没有时间配合的位置又开始反弹，在反弹结束的位置又出现与时间周期配合的转折点。根据以往的经验，这种形态一般是在 a 波启动的低点没有打到支撑位的时候出现，随后创新低的 b 浪会在新的位置获得支撑，然后继续运行 c 波反弹走势，在 c 波结束的位置与时间周期发生共振。也就是说，当发现与周期不符的情况时，不要轻易放弃对时间周期的追踪，而应该进一步考察其他的可能性。

关于时间周期，我们已经做了一个相对系统的描述，股市的变化层出不穷，时间周期的组合节律也在变换之中，需要我们不断地加以总结。由于斐波那契数列及其倍数的节点有很多，究竟在哪一个节点上会出现市场的转折点，最好是与形态、位置、势能和量能等指标结合起来运用。单纯用时间周期，很难做到准确定位，有时候还会陷入误区，有的重要时间节点并没有构成股市的转折点，比如数字 21 是一个重要的时间序列，沪指冲击 5178 点的大牛市，并没有在第 21 个月见顶，而是在第 24 个月见转折点，如果我们仅仅计算时间周期，就会在第 21 个月的时点上产生迷茫。当时间周期与形态、势能等指标发生矛盾的时候，究竟应该按照哪个指标来判断，这就需要运用股市的逻辑进行推理，对此笔者在第七章中还会做专门的分析。

股市的时间节律，说到底，是经济周期与千百万投资者心理预期相互作用的结果，表现在股价的趋势运行上，就是趋势中的折返点和趋势的结束点都与时间周期相吻合。趋势投资很像在股海中做冲浪运动，需要了解什么时候出现波峰，什么时候出现低谷，股市的波澜既可以送你冲上人生的巅峰，也可以将你打入万劫不复的谷底。掌握股海波涛起伏的规律，才可以乘风破浪，御风而行，在收获财富的同时，又能够避免被股市的波浪所淹没。

Chapter 4

寻找起跳板和天花板的游戏

——位置与趋势的折返点

在股票市场，不管交易者采用什么样的操作方法，只要能够做到“低位买入，高位卖出”，就可以成为股市的赢家。问题在于，看起来如此浅显的道理，为什么在股票市场却很少有人做到呢？这是因为，要弄清楚什么是股价的“高”和“低”，并不是一件容易的事情。况且，股价的高与低是多空博弈的结果，并没有一个绝对的标准。一只股票从5元涨到10元，翻了一番，算不算高？可是它居然会涨到30元、40元、50元、甚至100元。股价从300元跌到100元算不算低？但它可能还会跌到50元、30元，甚至20元。那么，什么才是股价的“高”与“低”呢？以趋势分析的视角来看，在股价跌不下去的地方就是“低”，在股价涨不上去的地方就是“高”。现在的问题来了，在什么地方股价会跌不下去，在什么地方股价又涨不上去呢？这就涉及股价趋势运行中支撑和阻力的“位置”了。

我们知道，股价要维持趋势性变动，对波动到达的位置是有要求的。它最初的起始点、中间的折返点和最终的转折点，都与能量传输过程中形成的支撑和阻力有关。股价在某个位置受阻回落，又在某个位置获得支撑而反弹，有其特定的规律。下面，我们就来具体分析一下位置在趋势判断中的作用。

4.1 位置的形成

我们在前面的分析中已经说明，股价之所以按照趋势运动，是因为股价运行是一个能量传输和转化的过程，在这个过程中，买入量与卖出量的交换会形成不同的能量对比。股价上涨是因为在一个时段内买入量持续大于卖出量，而股价下跌则是由于在一定时段内卖出量持续大于买入量。所以，股价在上升的过程中遇阻回落，一定是股票买卖盘的力量对比发生了转变，由之前的买入量大于卖出量，变成了现在的卖出量大于买入量。反之，在股价获得支撑的地方，则一定是发生了相反的变化，由之前的卖盘大于买盘，变成了现在的买盘大于卖盘。那么，为什么在这些特定的位置会出现买卖双方力量对比的逆转呢？

下面，我们先从趋势的角度来理解通道内的高点与低点的形成过程。见图 4–1。

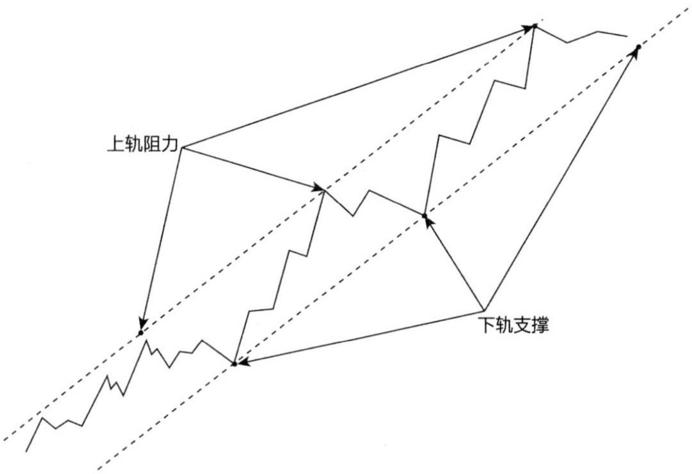

图 4–1

在图 4–1 中，股价之所以在通道的上轨遇阻回落，是因为股价运行到这个位置时，增量资金的流入速度达到上限，流入的资金量赶不上股价上涨的速度，追高买入的资金量不足以抵消获利盘和解套盘的压力，股价自然受阻回落。在趋势下轨的位置，随着股价的降低，获利和解套盘的能量释放也逐步消解，减少的卖盘遇到增量资金的依托，随着卖出量的逐步减少和买入量的增加，双方力量对比再度发生了有利于多方的变化，股价自然会获得支撑而再拾升势。这就好比水流在一个向上倾斜的管道中传输一样，管道的上壁构成了水流的上限，管道的下壁构成了水流的下限，水流上升的速度与水流进入管道的速度成正比。

在上升趋势中，资金之所以按照一定的速度逐步流入股票资金池，与投资人的预期变化有关，也与固定收益品种的期限配置有关。我们知道，人群中的风险偏好基本上呈现正态分布，即极端的冒险精神或极端的风险厌恶都是少数，多数人的风险偏好处于中间状态。当股价的上涨形成越来越乐观的收益预期时，会逐渐覆盖不同投资人的风险厌恶水平，相对保守的投资人需要更为乐观的收益预期才可以调动起来。另外，固定收益项目通常都有一定的期限配置，比如定期存款有三个月、半年、一年、三年、五年等期限，在固定收益标的没有解封之前，投资人很少提前变现。表现在资金流入的速率上，就是一个相对稳定的持续过程，而非在一个时点上一拥而上地挤入股票市场。由于资金的持续流入，相当于通道内的水位不断地提高，因而每一次的高点都会高于前一个高点，每一次回落的低点也会高于前一个低点。只要通道内的能量传输过程不被破坏，股价就会按照这个通道继续运行下去。当股价不再以原有通道的位置作为折返点时，说明能量传输的过程出现了问题，股价运行的趋势也会随之发生改变。这就可以解释为什么上升通道的上轨处和下轨处会形成支撑和阻力。同时也说明，为了保持一个相同斜率的上升通道，需要保持一个指数级别的资金输入速度（随着股票市值的增加，所需资金量也会同步放大）。当股价折返的位置发生改变时，意味着股价运行的趋势也会发生改变。

在下降趋势中，通道的下轨处和上轨处也构成了股价的支撑和阻力。支撑点的不断下移可以理解为在通道内的“水位”在不断下降，见图 4–2。

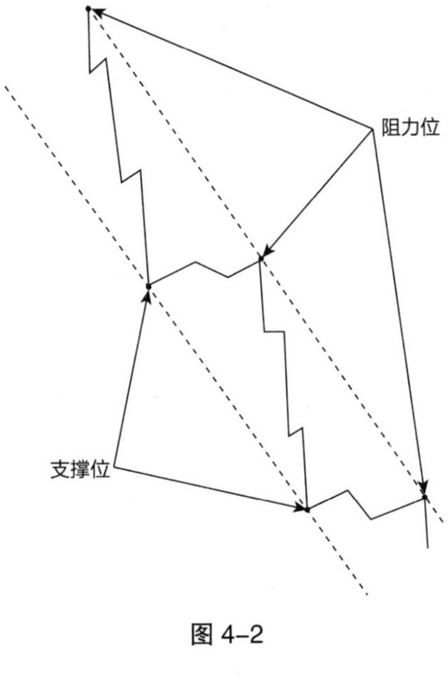

图 4–2

股价的持续下跌，背后的动因是资金持有人参与意愿的持续降低和股票资金池中存量资金的持续流出（或者是在资金存量不变的情况下，股票供给的增加）。而资金的持续流出，反映的是投资者预期的变化，与上升通道的情形一样，资金流出也是一个持续的过程。流出的速度决定了股价下降通道的斜率。以通道的中轴线作为资金流动的中枢，下轨的位置就是短期资金流出的极限，在这个位置，仅仅场内存量资金的随机买入就足以托住股价，而在波动的上轨，由于资金存量的净流出，随机的追高买入盘也会减少。在资金存量不断减少的情况下，下降趋势中每一个折返点都会比前一个折返点的位置要低，这样一来，如果资金流出的速度不变，股价就会沿着现有的通道继续向下调整。当资金净流出量开始逐步减少时，原有的下降通道才会发生变化，这时会发生通道的变轨（这个现象会在下一章中加以说明），下降通道将逐步变得平缓，通道形成的支撑位和阻力位也会随之发生变化。一旦资金净流出的情况完全终止，股价下跌趋势的拐点就会来临，在股票资金池中的净流出转变为净流入的区域，就构成了市场的“最后支撑位”，也就是我们通常所说的底部。打开沪指的长期指数图我们发现，每一次股市的大底都与一条原始上升趋势线相连接，这条原始上升趋势线，实际上是随着经济发展和居民收入的增加，股市资金的自然增长底线。如图 4–3 所示。

在资金自然增长的底线，股价会获得最终支撑，即使没有政策面的利好，市场也不会再创新低，随着资金净流入的增加，股价的支撑位置也随之逐步提高。

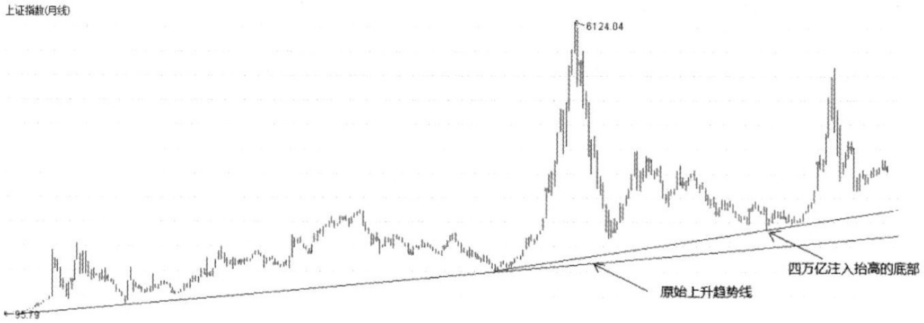

图 4–3

从资金流动的速度以及股票筹码分布的状态，我们还可以进一步推论出，为什么成交密集区、移动平均线、颈线、矩形的顶边和底边、黄金分割位、X线的反压点等都可以构成股价的支撑和阻力。因为这些位置的形成，都与资金与股权交换所形成的能量积累与能量释放有关。

一、成交密集区

成交密集区是指由于多空分歧形成的一个横向盘整区域，在这个区域，流入的资金和存量股权之间暂时处于大体平衡的状态，由于预期分歧较大，多空双方会在这个区域完成大量换手。一旦某一方的力量取得优势，股价就会向上或向下脱离这一区域，其边界成为后期股价的支撑位或阻力位。

我们先看一下向上突破的情景。当能量的积累（资金池中资本存量的增加）推动股价向上突破成交密集区之后，相当于水库中积累的水量越过了堤坝的极限，水流会喷涌而出，而不会再倒灌回来。这时，突破后的股价要比做空者的卖出点位高，这就迫使部分卖空者在突破后回补仓位，而持仓者则是在盘整区域坚持看多的一方，当股价越过这部分交易者的持仓成本时，他们通常会继续加仓或持仓不动。随着做空者的回补仓位和持仓者的普遍惜售，成交密集区的上方就会出现买盘大于卖盘的情况，从而进一步形成对股价的支撑。在经过一段时间的上涨之后，如果股价重新回到这个区域，其区域边界依然会对股价提供支持。这是由于股价的下跌是高位筹码向下的换手过程，当价格再次临近多数投资者的持仓成本时，会出现传递动力的减弱。那些在盈利状态下没有卖出的投资者，更不愿意在出现亏损的时候卖出。而那些在高位卖出的投资

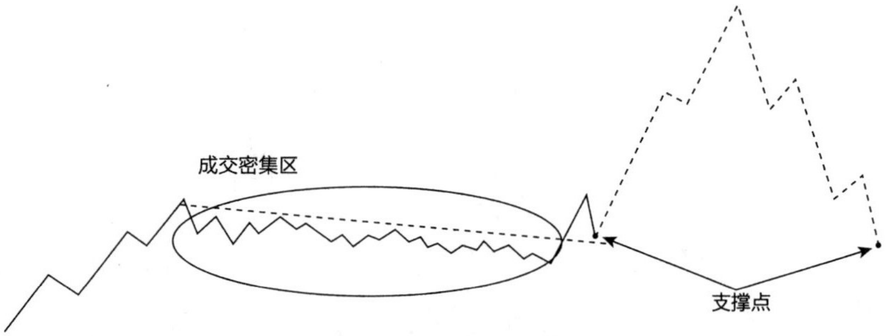

图 4–4

者看到股价又回到自己原先的买入位，会有一部分人回补仓位。这样一来，在成交密集区的位置会再次出现买卖力量对比的变化，股价就会在这个位置形成反弹，如图 4–4 所示。

图 4–5 中，沪指从 5178 点见顶回落，第一波下跌在 3373 点获得支撑，并出现第一波反弹，这是因为股价经过连续下跌，触及了前面牛市中途形成的一个成交密集区，这个区域的上沿就在 3373 点附近。在这个位置形成的成交密集区，构成了上升第 3 浪的浪顶，盘整持续了 5 周以上的时间，并且有三个高点连线形成的平台区，买卖双方的博弈在这个区域堆积了大量的筹码，向上突破并远离这一区域后，这里就构成了多方的防御纵深，至少在经过连续下跌之后第一次触及时不会轻易被跌破。如果再结合形态、势能等因素，投资者在这个位置抄底做反弹的安全系数就比较大了。

不过有一点需要说明的是，成交密集区作为支撑位，在第一次触及时出现反弹的概率极大，但反弹以后，那些在成交密集区一直持仓的投资者会随着反弹的出现而卖出手中的持股，因为他们不愿意再次看到利润归零的状况。而那些因为过早抄底而被套牢的投资者，当股价回到他

图 4–5

们的买入成本时，通常也会在第一时间卖出股票，因为他们不想再次被套牢。由于资金整体处于净流出的状态，股价的反弹已经不可能达到前期高点，随后的回落，当再次触碰成交密集区时，由于原来的能量积蓄已经被反弹所消耗，而反弹形成的筹码分布将会产生新的能量格局，该成交密集区能否提供足够的支撑就值得怀疑了。

从相反的角度来看，当买卖力量的对比发生不利于买方的变化，股价向下突破成交密集区的边界，该边界就会形成股价上升的阻力，其形成机制是这样的：买卖双方在一个狭窄的区域进行长时间的博弈，会在这个区间形成大量的持仓者，如果资金的净流出促使交易价格滑落到密集成交区下方，意味着大量的买入者被套牢。当股价通过反抽或反弹重新回到大多数买入者的持仓成本时，必然会遭遇较大的变现压力，阻力位由此形成。特别是当向下突破后的跌幅达到一定的程度时，该区域的阻力作用就更加强大。这是因为，迅速扩大的账面亏损会引起持仓者的恐慌情绪，当股价再次接近成本区域时，持仓者的卖出会比较坚决。但如果经过太长的时间，成交密集区的阻力和支撑的作用就会减弱，一是因为在长期的上升或下跌过程中，通过能量的传递，投资者的持仓情况会发生变化。即使是长期不动的持仓，经过岁月的磨砺，对股价接近成本的变化反应变得迟钝。与此同时，经过长时间的调整，场外资金的增长会培育出新生代投资者，这部分人没有熊市记忆，不太会在意成交密集区的解套压力，因而新的上升趋势来临时，新生代的投资者会很快"解放"前期成交密集区的套牢者。

二、颈线与形态的边缘线

在市场中，有一类支撑与阻力是由水平线构成的，如转折形态的头肩顶或头肩底（双头或双底）的颈线，如图 4–6 所示。

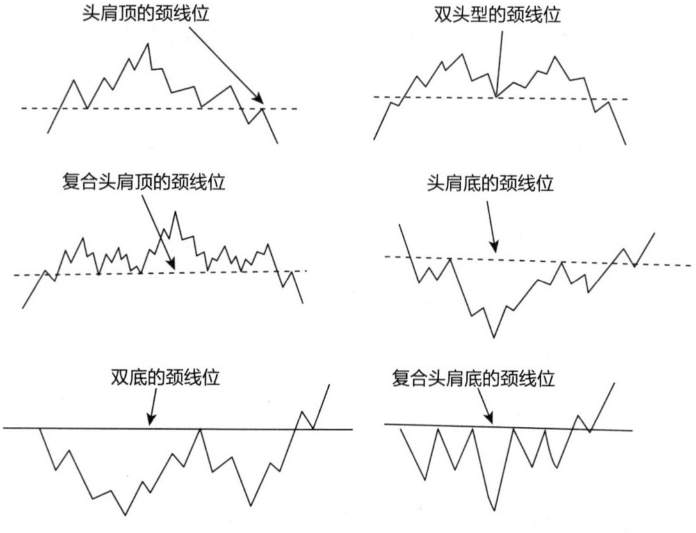

图 4–6

图 4–6 中的图形分析，在任何一部技术分析的教科书中都有介绍，我们在这里只是要说明，趋势运行中的水平线，仅仅是一段时间内资金池中“水位”的下限和上限，水平线的突破，是资金池中能量积累或流出达到一定程度的反映。向上突破水平压力线，表明资金池中的能量的积累突破了上限，资本池将提升到一个更高的平台。同样，当向下突破水平支撑线时，意味着资金的流出导致股价在原有的平台无法完成交易，只能在下一个平台寻找新的支撑。所谓突破后的最低量度波幅（即最低限度的涨跌幅度，为形态极值点到颈线的距离），说到底，是股票资金池的“虹吸效应”和“漏出效应”发生作用的结果。能否完成量度波幅，取决于突破后这两个效应是否发挥作用，如果后面能量传输的过程不能持续（这可以从趋势线是否延续做出判断），就要警惕水平线的突破有可能是假突破。

另外，整固形态中平台形整理的顶边和底边，和三角形整固形态的顶边和底边，也可以构成支撑和阻力。一旦突破整固形态，原有的支撑就会变成阻力，原有的阻力也会变为支撑。这种趋势内的横向整固形态，属于能量的积蓄阶段，一旦这个积蓄的过程完成，就会产生一个持续的能量释放过程，见图 4–7。

这种图形在所有的技术分析书中都有介绍，与水平支撑或阻力位置一样，这种盘整只有在不破坏原有趋势的情况下才有效。如果盘出了原有通道，就要考虑趋势改变的可能，特别是当原有的通道倾斜角低于 45 度的时候，就更是如此。图 4–8 是沪指 2016 年 7 月反弹的 15 分钟走势图。

图 4–8 中，沪指在 3030 至 3060 之间盘整了 4 个交易日，走出了一个标准的矩形，通常在上升过程中走出矩形都属于整固形态，在整固完

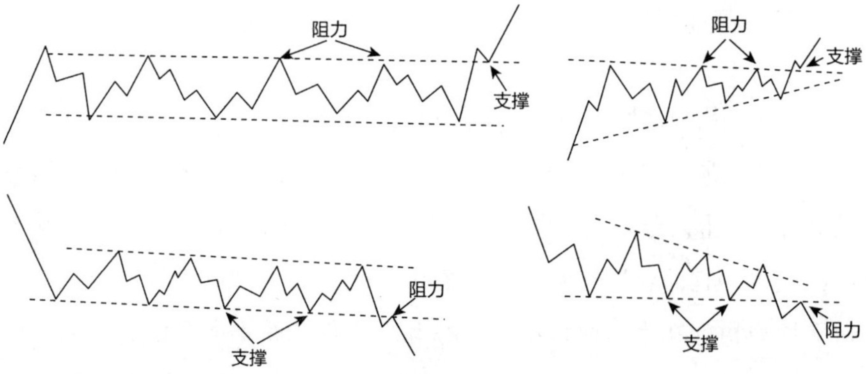

图 4–7

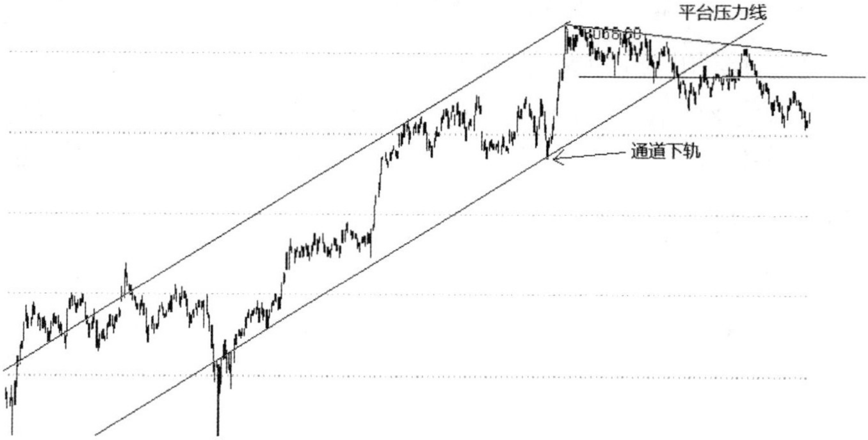

图 4–8

成后，还是要沿着原有的趋势继续运行，但由于沪指盘出了短期上升通道的下轨，表明这一个级次的上升趋势已经改变。如果要延续反弹，就需要向下调整一个台阶，在中期趋势线重新寻找支撑。

三、移动平均线

移动平均线之所以会形成支撑和阻力，是因为移动平均线的样本取自于每个交易日的收盘点位，它也可以作为一个筹码分布的指标。但与成交密集区筹码分布比较集中不同，移动平均线表示的是交易者的动态持仓成本，它的位置每一日都在发生变化。也正是因为这个特点，移动平均线指标在平台整理中的支撑和阻力作用是不明显的，在趋势运行中通常是第一次触及时有支撑或阻力的意义，但第二次触及往往就不再起作用了。因为简洁明确，一目了然，很多投资者喜欢用重要的移动平均线（如 20 日、30 日、60 日移动平均线）作为买卖依据，但这样做有一定的问题。长期跟踪移动平均线与股价变动的关系，就会发现，均线的支撑和阻力作用表现得很不稳定，有时候有用，有时候没用，有时候可以多次起作用，有时候只起一次作用。那么，什么时候均线系统的支撑和阻力会比较有效呢？下一节“位置的重叠”中笔者会给出详细分析。

四、X 线

X 线其实是一条穿越高低点的连线，它是由一个起点，一个支点和一个反压点（或反撬点）所构成的。X 线的画法是取左侧高点作为起始点，当股价突破这个高点之后，以回落点作为支点，起始点和支点的连线构成了股价的支撑位置，如图 4–9 所示。

X 线的含义是，当能量的积蓄推动股价跃上一个平台后，持续涌入的资金会将股价维持在这个平台的上方，并且随着能量的堆积，这个平

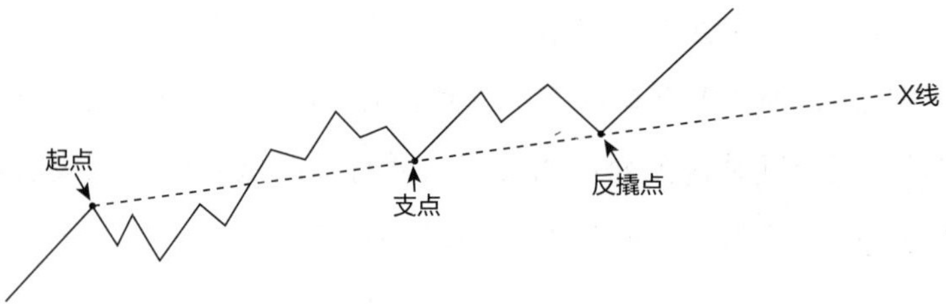

图 4-9

台的下沿向右上方倾斜，当能量积蓄到一定的程度之后，则支持股价开始新一轮的上升。

在有些介绍画线理论的书中，将图 4-10 中的两种形态也作为 X 线的案例。但笔者认为，这两种画法都与前面介绍的上升通道与下降通道的画法重叠，并不具有独立的意义，可以忽略。倒是另外一种 X 线需要

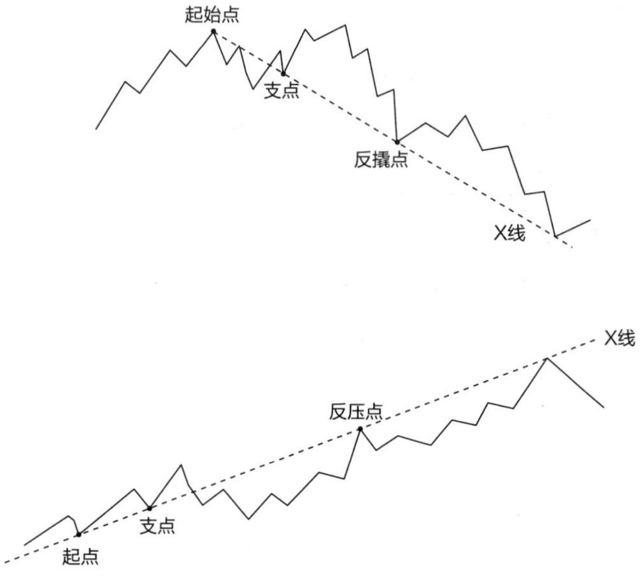

图 4-10

引起读者朋友的充分重视，即股价向上突破前期高点之后，回落的支点低于前期高点，因而X线是向右下方倾斜的，反撬点通常也会出现反弹，但大多数情况会跌破这条变形的X线，并且在跌破之后，该线会对股价的上升形成强大的阻力，见图4-11的实战图形。

图4-11

图4-11中，沪指突破高点后回落的支点低于X线的起点，因而这条X线是向下倾斜的，在股价向下突破这条X线后，它又对股价的上升构成了阻力，此后的多次反弹均没有突破这条线的压制。X线本质上是一条能量转换的分界线，它代表的是资金池中的“水位”基线，股价能否在X线上停留，取决于资金积蓄水平的变动状态，在我们找不到趋势通道的支撑或阻力时，X线为我们提供了另外一个寻找波动折返点的判断标准。

五、黄金分割位

黄金分割位的支撑和阻力作用在所有技术分析的书中都有介绍，我们不再重复说明。在这里只是强调一点，黄金分割位在任何时候都有多种可能，比如 0.236、0.382、0.5、0.618 等，究竟哪一个黄金分割位最有可能构成支撑，则并不具有确定性。在趋势判断法中，我们是将黄金分割位和趋势通道放在一起来加以研判的，当黄金分割线与不同级次通道的上轨或下轨出现交汇时，其支撑和阻力的确定性才可以显示出来。在这里，我们又要触及位置判断中的另外一个重要概念——重叠。

4.2 位置的重叠

所谓位置的重叠，是指多重支撑或多重阻力在某一个位置交叉或重合的情形，当这种情况出现时，该支撑或阻力的作用会出现叠加的效应。对于操作者而言，遇到这样的位置，就要特别地用心，因为它可以提供比较确定的买入和卖出的机会。位置的重叠通常有以下几种类型：

一、原始上升趋势线与下降通道的下轨相互交叉的位置

这个位置的支撑力度几乎是 100% 确定的，因为原始的上升趋势线代表着资金供给的自然增长曲线，它反映的是随经济增长和居民收入增长而提高的股市资金供给水平。而下降通道下轨表示的是资金撤离速度的下限，两个趋势交汇的点位就是资金净流出状况发生转折的位置。当股价跌到这里时，如果再有其他指标的配合，就可以产生确定性极高的买入机会。如图 4-12 所示。

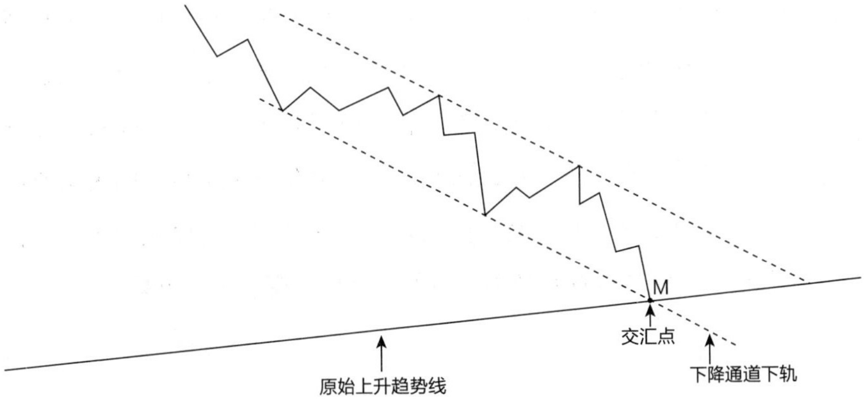

图 4-12

图 4-12 中的 M 点，就是资金自然增长的底线与资金流出底线相互重叠的位置，当股价跌到这里时会遇到存量资金和增量资金的双重支持。图 4-13 是沪指在 2005 年的实际走势。

图 4-13 中，2005 年 6 月最低点就是原始上升趋势线与下降通道下轨之间形成的交叉点。从形态上分析，在第一交叉点（见图中第一个箭头所指的位置）处，波浪形态仅仅走完 C 浪的第 3 子浪，当沪指反弹后

图 4-13

再回踩原始上升趋势线与短期下降通道上轨的第二交叉点（图中第二个箭头所指的位置）时，才完成C浪第5子浪的调整。这两个交汇点都构成了对股价的支撑，并进一步演变为上冲6124点大牛市的起点。

同样的道理，上升趋势线的反压点与X线的反压点相互交叉之处，也可以构成股价上升的双重阻力位。

图4–14

图4–14中的X线与低点连线的交叉点，也恰巧是30日均线的位置，三重阻力的交汇点形成了强大的反压，即使这时管理层已经动用真金白银入场救市，通过拉抬权重股以推高指数，但最终也没能突破这个多重阻力的压制。就是因为，X线与上升趋势线的交汇处是高位筹码分布的能量释放点，股指在运行到这个位置的时候，就会触发积聚在这里的巨大抛压。

二、趋势线与重要移动平均线的重叠

趋势线与一些重要的移动平均线，如 30 天或 60 天移动平均线相互重叠，会形成弹性较大的支撑位或阻力位。在图 4-14 中，我们看到 30 天移动平均线、X 线和上升趋势线相互重合时形成阻力的情况。在这里，我们需要特别强调 60 天移动平均线的作用，该线代表的是 8 周（这也是时间上的一个重要周期）内投资者的平均买入成本，在第一次触及时通常都会引发反弹或调整（取决于股价相对于该线的位置）。当 60 天移动平均线与重要的上升趋势线或下降趋势线重合时，就会产生较强的支撑或阻力作用，有时还会不止一次地产生这种作用。见图 4-15 的实战案例。

图 4-15 中，60 日移动平均线与上升趋势线重合的位置，对股价提供了较强的支持，两次触及都引发了反弹。有趣的是，在前面的上升行情中，由于 60 天移动平均线没有与其他的阻力位重叠，沪指在触及该线时，只产生了一天的回调，并且很快就被穿越，从而失去了阻力位的意义。

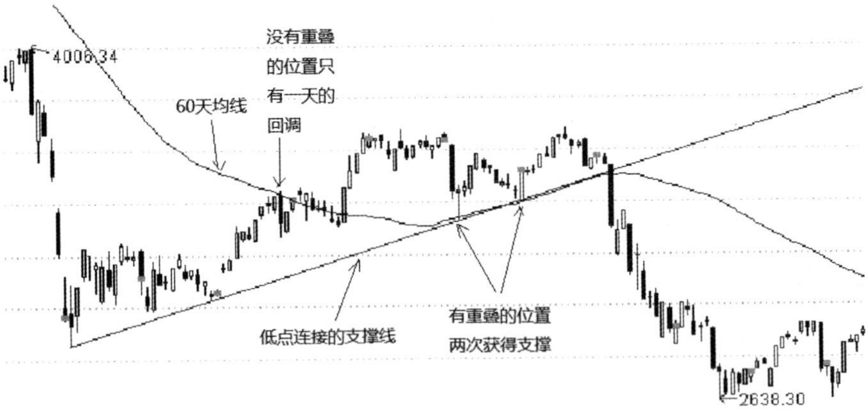

图 4-15

三、黄金分割位与轨道线的重叠

当第一组上攻突破下降通道的上轨时，第二低点的回调通常会回踩上轨，并且与黄金分割位重叠。图 4–16 是沪指在 2005 年 6 月见底以后，第二低点出现的情况。

2005 年 6 月，当大盘在 998 点下降通道的下轨处见第一低点之后，经过一个相互重叠的 5 波上攻，突破下降通道的上轨，随后开始回调整理，第二低点又在下降通道的上轨获得支撑，回踩的点位正好是 0.618 的黄金分割位与此通道上轨的重叠之处（见图 4–16“回踩点”）。在趋势运行过程中也有类似的情况，比如，第 4 浪如果调整到轨道线的位置，正好与 0.382 的黄金分割位重叠，其支撑或阻力的作用就会更加明显。

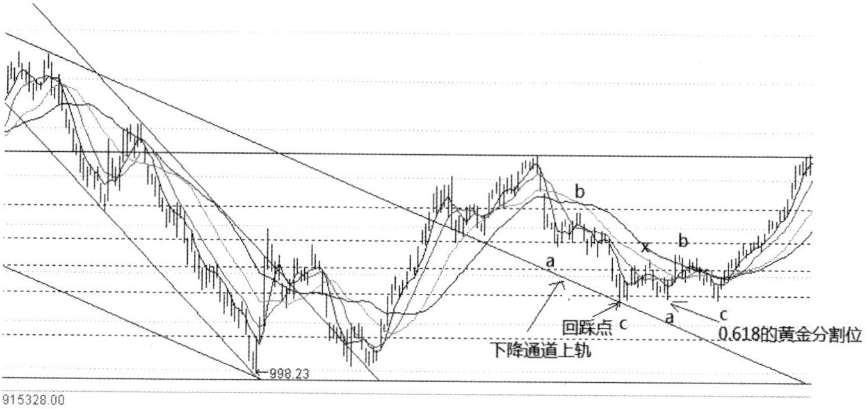

图 4–16

四、X 线与 X 线的重叠

在下降趋势中，当比较陡峭的下降轨向上突破后，并不意味着大盘出现了反转，而仅仅是修正了下跌的势能。这时候就产生了一个问题：脱离了下降轨道的压制，新的上升通道还没有形成，上档的压力位如何确定呢？这时，X 线就为我们提供了一个测量标准，特别是当 X 线与另一条 X 线相交汇的点，阻力作用就会非常明显。下面这个图形是 2015 年下半年沪市反弹的指数图，大盘明显摆脱了最初的下降通道上轨，这时，最后两条 X 线的反压点，阻止了大盘进一步上涨的步伐，见图 4–17 所示。

图 4–17

一般而言，市场的支撑位和阻力位重合的指标越多，支撑和阻力的力量也就越大，并且获得支撑或阻力的次数也就越多。投资者在实战中，就要相应加大持仓或减仓的力度。不过，任何支撑位与阻力位都不是“铜墙铁壁”，一般而言，都难以跨越“事不过三”的“魔咒”。再强的支撑位或者阻力位，如果在短期内三次触碰，就要警惕被突破的可能。

4.3 位置的修正

在笔者的测市系统中，位置是与趋势联系在一起的。当趋势发生变化时，位置也会随之发生变化。趋势运行的通道上轨或下轨，有时候未被触及就出现折返，有时候又会向下（或向上）突破后再次返回其上（或其下），这时候，我们就要对轨道做一个修正，以修正后的轨道作为未来行情演化的标准。下图是上升轨道修正的情况：

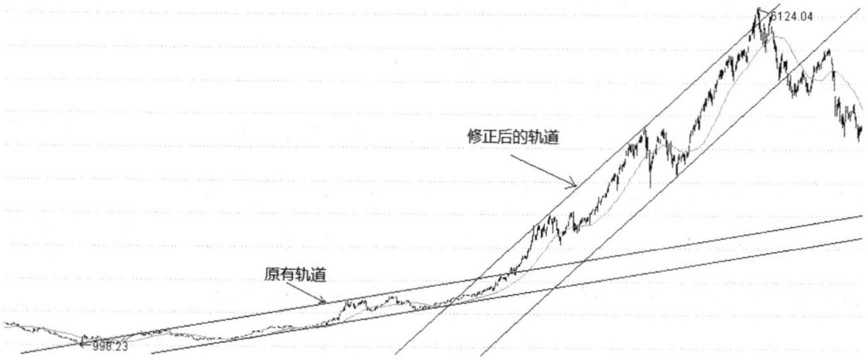

图 4–18

图 4–18 是沪指 2005 至 2007 年的走势图，从 998 点见底回升之后，先是沿着一个比较平缓的上升通道上行，到 2006 年 11 月份开始加速，形成了一个新的更为陡峭的上升通道。这个时候，需要按照新的通道来判断趋势运行的位置。图 4–19 中，新通道的支撑和阻力与原有通道的支撑和阻力发生了很大的变化。图 4–19 是上升轨道向下修正的情况。

图 4–19 是沪指 2006 年上半年的反弹走势。大盘先是按照原有的上升通道上行（见图中用实线画出的通道），并且第二个低点在轨道线上获

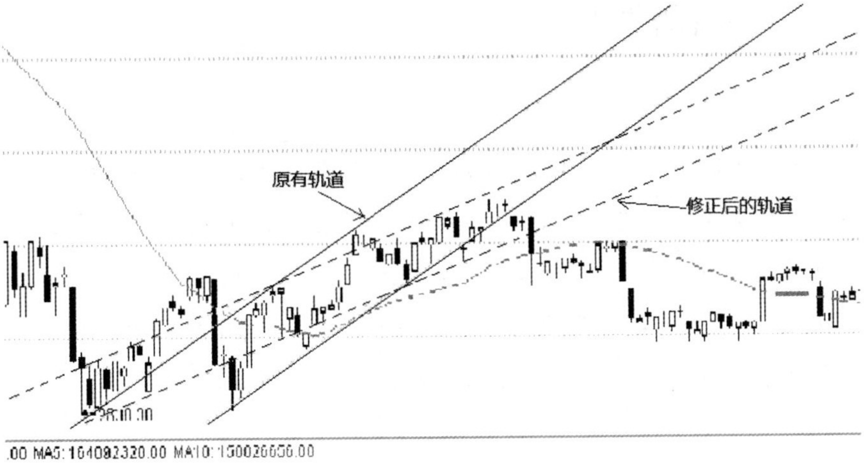

图 4-19

得支持，但是随后的上升未达到上轨就出现回落，并且在第三个低点跌破了上升通道的下轨，随后的反弹又重返原有通道，那么，它的上升阻力在什么地方呢？这时，我们只需将最近两个低点的连线与第三个高点做平行线，就可以画出新的通道（见图中用虚线画出的通道），找到其新的上档阻力位和下档支撑位。这种向下修正的支撑位置，是趋势转弱的标志，至少是短期趋势调整的先兆，在新通道上轨的位置，结合时间周期和形态，就可以考虑减磅了。

还有一种情况，就是在上升过程中，第二高点出现异动，与第一高点的连线形成的上升通道上轨，有可能并不准确，在随后的回调过程中，有可能会跌破通过第二低点并与之相平行的通道下轨，这时候，就要以第二低点与第三低点的连线重新修正上升通道。方法是，先画第二低点与第三低点的连线，再通过第一点画平行线，这样，第三高点的阻力位就可以显示出来了，读者可以通过图 4-20 与图 4-21 的比较，来发现它

图 4-20

图 4-21

们之间的区别。这个修正的重要性在于，如果你要在第三高点减磅，修正后的轨道可以提供更为精确的位置。这个轨道修正的方法也适用于个股，图 4-22 是贵州茅台 2008 年至 2012 年的一段走势图：

贵州茅台在长达 4 年的时间里走出了一个平缓的上升通道，其中通道中的第二个高点出现异动，使上升通道变形（见图 4-22 中用虚线标出的轨道），经过修正后，新通道（图中用实线标出的轨道）上轨的压力位

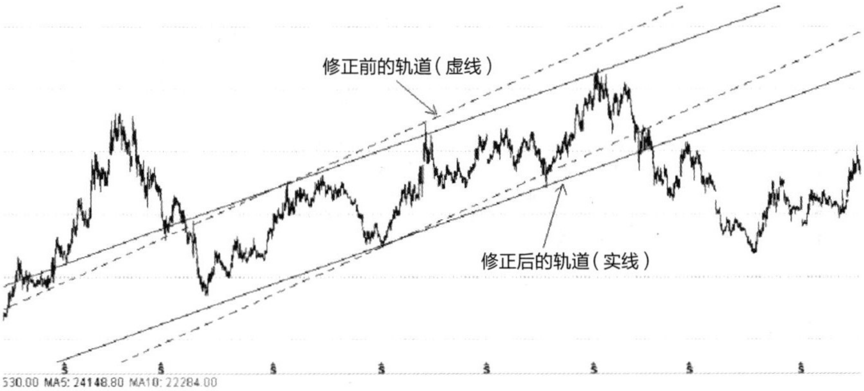

图 4-22

就可以清晰地显示出来。

凡是通道改变的地方，都会出现位置的改变。以上介绍的是基本的方法，其他的情况读者朋友可以根据上述原理举一反三，这里不再展开论述。

4.4 位置的突破

股价保持趋势或改变趋势都离不开位置，从这个意义上说，位置给我们提供的是一个判断标准，它的维持或被破坏都显示着趋势运行的状态。不管在什么情况下，位置的突破都具有指向性的意义。

一、上升通道下轨的突破

上升通道的下轨被突破，不一定会马上出现趋势的逆转。股价向下突破上升通道的下轨之后，依然有可能贴着下轨继续上行，并创出新高，甚至还偶尔回到上升通道的下轨上方，尤其是在上升通道比较陡峭的情况下，这种对下轨的突破，仅仅意味着上升势能的改变（这一点笔者在下一章专门讨论），但这已经表明资金的供给速度已经跟不上市值上涨的幅度了，需要投资者寻找新的更加平缓的上升通道的下轨支撑，如果新的通道下轨再被跌破，就要警惕趋势的逆转。

二、上升趋势线的突破

首先需要明确的是，上升趋势线与上升通道的下轨不是一个概念，笔者在介绍通道画法的时候已经做过说明。上升通道下轨被跌破之后，下方的上升趋势线（通常是第一低点和第二低点的连线）会起到支撑反弹的作用。这条线被跌破，才是大幅下跌的开始，图 4–23 是一个实战案例。

图 4–23 可以清楚地区分上升通道下轨和上升趋势线被突破后的走势变化。

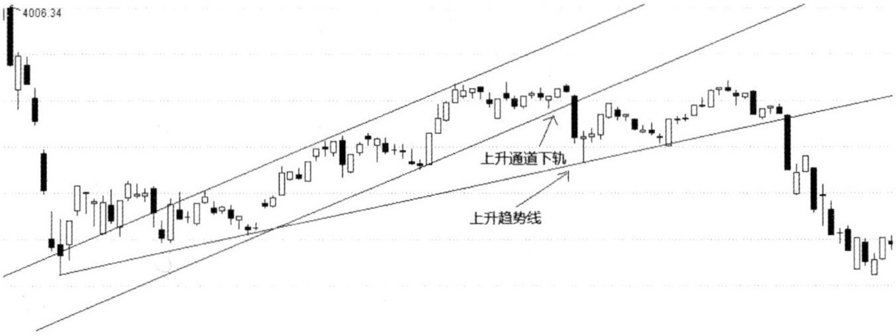

图 4–23

三、水平线的突破

一般而言，趋势线越平缓，突破后的转折意义就越大，平缓的极致就是达到水平。常见的水平线有平台形的顶边和底边，转折形态的颈线位等。水平线被突破，意味着原有的能量格局被打破，大盘会在能量释放的作用下，进入一个新的波动平台。但我们在这里还是要强调一点，水平线的突破一定要结合趋势线来考察，并且以趋势线为主要参照指标，当趋势线与水平线的突破方向相反时，比如向上突破水平压力线，但是突破后的回调跌破上升趋势线，还是应该以趋势线作为主要判断标准。

四、下降通道上轨和下降趋势线的突破

与上升通道和上升趋势线的突破意义一样，当下降通道的上轨被突破时，是对前面下降趋势的修正，至少会出现反弹，但并不一定意味着反转，尤其是当下降通道的倾斜角大于 45 度时，就更是如此。这是因为，高位的筹码分布不可能在如此陡峭的下跌中完成能量转换。通过反复换手形成的平缓的下降趋势，可以使上档的筹码分布充分转变为下档的能量积蓄，低于 30 度角的下降趋势线被突破，表明这个能量转换的过程大体完成，只有这时，反转才有可能发生。

在图 4–24 中，我们看到，下降趋势线（即两个高点的连线）一次又一次被突破，但都没有产生反转行情，只是使下跌趋势变得平缓，直到平缓至夹角接近 20 度的压力线被突破，才形成了新的上升趋势。

图 4–25 所展示的也是下降趋势线最终突破的情况，我们看到，即使是非常平缓的趋势线被突破，也不一定意味着反转，是否为反转型突破，

图 4–24

图 4–25

还要与时间周期，形态和势能、量能等指标相配合。

但在有些时候，投资者不必等待突破之后再做处理，大盘在突破之前都会有征兆可循。这些征兆有：

第一，当股价在上升通道内运行时，如果在没有触及下轨的情况下，就先行触及上升通道上轨，这就是趋势改变的征兆。如图 4–26 所示。

当一组回调未触及通道下轨，但随后的反弹却直接触及通道的上轨，这就意味着大盘将改变原有的上升通道，进入加速上升的阶段。投资者可以预先采取行动，不必等待向上突破再跟进。在股价第一次触及上轨

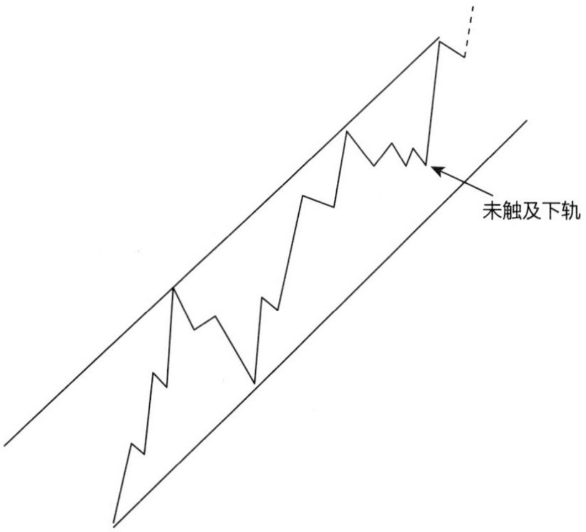

图 4-26

后出现回调时就可以择机入场了。反过来也是一样，如图 4-27 所示。

第二，如果在上升通道下轨止跌反弹，但反弹只上升了很小的幅度又二次逼近轨道线，这也是突破前的明确信号。见图 4-28 的实战案例。

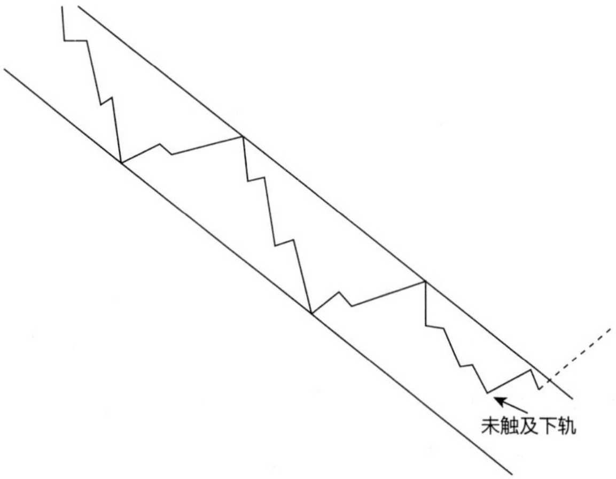

图 4-27

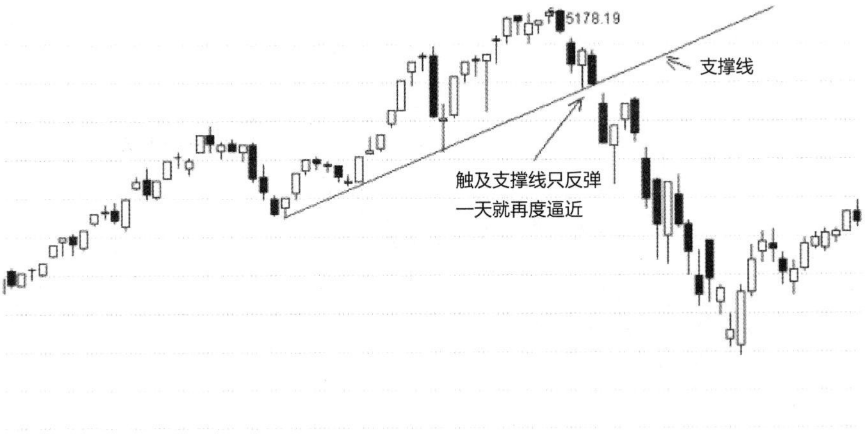

图 4–28

图 4–28 是沪指从 5178 点下跌过程中触及第一道支撑线时的表现，在支撑线引发的反弹只持续了一天的时间，第二天就以一根阴线再度逼近支撑线。如果以支撑线作为离场的依据，投资者不必等待突破确认之后再行动，而是在收盘前就卖出手中持股。因为大盘后面极有可能是以跳空方式突破该支撑线，并且有较大的概率不会出现回触趋势线的反抽行情。

第三，当股价贴近轨道线或水平支撑线时，没有引发反弹，而是贴住轨道线或水平线盘整，如图 4–29 所示。

如果出现图 4–29 这样的情景，说明下轨的支撑力度较弱，突破是大概率事件，是否等待突破后再采取行动，这涉及个人的风险偏好，不过对于所有的交易者来说，都要在心理上和策略上做好突破后的充分准备。

趋势投资者必须在入市之前就明确关键位置所在，因为股价能否在特定的位置之上或之下运行，决定了趋势能否维持以及趋势是否发生逆转。位置判断是趋势操作的基本依据。至于这些位置能不能守住，所提

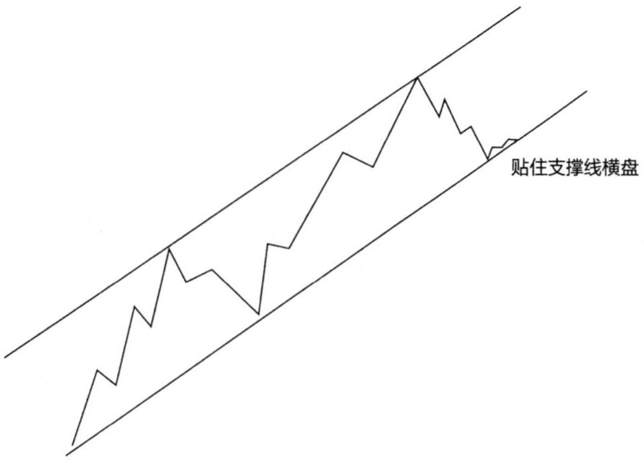

图 4–29

供的支撑或阻力能够形成多少次折返，除了与这些位置所提供的能量储备有关，也与股价运行的势能有关，在下面一章，我们就重点分析趋势与势能的关系。

Chapter 5

势不可挡与强弩之末

——趋势的势能分析

面对扑朔迷离的股价波动，趋势投资者最关心的问题应该是：如何判断趋势的形成，以及趋势形成之后有多大的概率可以继续延续下去？在趋势出现转折之前，能否预先发现趋势衰竭的信号？所有这一切，都涉及对趋势运行的势能判断。那么，势能究竟指的是什么呢？在我们的测市系统中，势能就是趋势上升或下跌的力度，它主要通过上升或下降通道的斜率表现出来。

5.1 势能的积蓄

为了叙述上的方便，我们还是从牛熊转换的开始阶段说起。一般而言，趋势转折的初始阶段有两种不同的势能展开方式，这给未来趋势的运行也带来两种不同的演化路径。

如果没有足以影响投资者长期预期的政策利好，或基本面的重大改变。仅仅靠资本的自然增长推动，股价在牛市初期的上涨通常是一个十分缓慢的过程。在上升初期，由于投资者的市场预期普遍比较悲观，新资金的流入速度十分缓慢，无法在短期内迅速消化上档的套牢盘，所以新趋势的酝酿过程一般会比较反复。有时候，这个蓄势的过程会持续很长时间，表现在势能上，就是最初的上升通道十分平缓，股价上涨也是进两步退一步，波动的高点和低点经常是互相重叠的，投资者的持股心态也不稳定，只是由于股票资金池中的净流出状态已经改变为净流入状态，市场的低点沿着一条平缓的趋势线逐步提高，形成了最初的上升趋势。在第一组上升形态完成后，随后的回调都比较深，盘整的时间也比较长。如图 5-1 所示。

图 5-1

图 5-1 中用椭圆形标出的牛市“自然”启动阶段，都是初期先缓慢上升，然后再逐步加速的模式。表现在上升势能上，就是上升速度先期较弱，随后逐步增强，在增强到一定程度时，又再度趋缓。

与这种势能转化形式相对应的还有另一种上升趋势的形成路径，即在下跌势能转换完成之后，恰好有政策面利好或基本面的配合，存量资金迅速跟进，第一组上升以“井喷”方式完成，如图 5-2 所示。

图 5-2 中，第一个椭圆形的区域是沪指在 1994 年 7 月见低点之后的反转图形，在股价跌到极限位的时候，恰逢管理层出台暂停新股上市的政策利好，大盘以急速冲高的方式开始了第一波上升。第二个椭圆形所标示的区域，是大盘在经过 24 个月的调整，形成大型三角形整理之后，

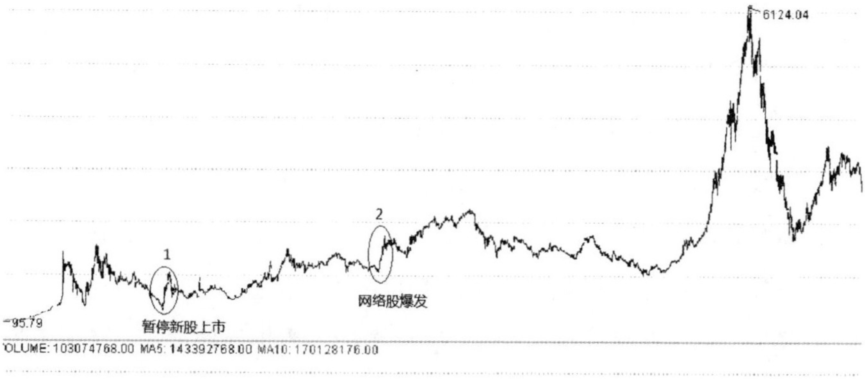

图 5–2

恰逢网络概念股的集体爆发，带动大盘展开了一波急速拉升。这两种上升趋势启动的方式，对于势能的未来演化有着完全不同的影响，需要分别加以研究。

5.2 势能的转化

如果最初的上升趋势是一个平缓而又漫长的过程，由于蓄势充分，后面的发展也会比较平稳。这是因为，蓄势的时间越长，上档筹码分布向下换手的程度就越充分，后面的上升趋势通常会走得比较平稳。当大盘最终突破上升的瓶颈（通常是颈线位或倾斜角度低于 30 度的压力线）时，多空力量对比就会发生根本性的转变，资金的流入速度逐步加快，股票市场自我强化机制开始启动。这个阶段是增量资金源源不断进入市场的过程，市场趋势由弱转强。在势能上，上升通道会突然变得陡峭起来。

势能的自我强化过程，其外在形式，就是形成一个新的更为陡峭的上升通道。上升开始加速，且持续的时间较长。这就是我们通常所说的主升段行情，在这个阶段最容易犯的错误，就是过早地卖出手中的持股。很多在低位蓄势阶段买入的投资者会被初期的行情搞得谨小慎微，当新的趋势形成之后，却又获小利卖出，随后看到大盘不跌反涨，就又忍不住追高买入，就这样在反复的短线操作中最终错过了主升段行情。还有就是那些经历过大熊市的投资者，会试图捕捉市场的顶部，对于超买指标反应过于敏感。其实，一旦势能形成，资金流就会在自我强化机制的诱导下源源不断地注入股票市场，而且，经过长时间的积累，固定收益市场积蓄了比以往更多的资本存量，当新牛市来临时，这部分新增存量的加入会打破旧的筹码分布格局。从而使上升趋势在很长一段时间内持续运行。这样我们就可以理解为什么大牛市形成之后，很难轻易回头，并且完全不顾市盈率、市净率、增长率、现金流……这些基本面的指标。在这个阶段，只要上升倾斜角不超过 60 度，并且没有出现连续三个以上的跳空缺口，就不用担心大盘见顶的风险，我们只需观察回调时通道下轨的位置是否被突破就可以了。我们在前面已经介绍过，在很多时候，即使通道下轨被跌破，由于势能有一个延续的过程，随后的反贴行情，股价也会再创新高。反贴行情是势能衰减的阶段，表现为一个更加平缓的上升通道，如果反贴行情形成的上升通道倾斜角度低于 45 度，势能指标就预先发出了转折的信号。

有些价值投资者在牛市运行的中段，按照估值水平衡量市场已经没有可以长期持有的标的，从而早早离场，但这时距离股市的顶部至少还有一半到三分之一的距离。资本市场的特征就是走极端，下跌会远低于价值中枢，上涨也会远高于价值中枢。如果按照资本未来的现金流贴现率来评估股票的价值，不是过早地进场就是过早地离场。例如，在2006年股市涨到3000点时，某私募基金经理人就发现没有值得入手的投资标的而撤离股市，但股市随后却涨到6124点才开始回头。这也是价值投资的一个误区，以股票的买入标准作为股票的持有标准，我们经常会在大牛市中陷入困惑。其实，即便股价明显没有投资价值的时候，只要势能还在，投资者依然可以继续持股。这是因为新增资金还在源源不断地进入市场，大盘依然会继续上涨。又比如2015年的牛市行情，在3000点和4000点都有一些名人、大V在谈论顶部的来临，最后当股市涨到5000点以上，所有人都不敢看空的时候，股市却见顶回落了。

避免上述错误的唯一办法，就是当上升通道的倾斜角度保持在45度之上时，不考虑见顶的问题，不管波浪形态是否走完5波，也不管技术指标是否超买，只要势能不变，就持股不动。

在越来越乐观的心理预期下，股市会将银行、债券以及贸易和实业的存量资金不断地吸引过来。当然，这个过程也有逐步增强然后又逐步减弱的机制。随着资本存量的迅速消耗，资金流入的速度会逐步减缓，表现在上升势能上，就是通道的倾斜角度在经过一次或两次修正后变得平缓起来。

这个过程是逐步发生的。随着股价的上升，市场需要的资金量会越来越大，将市值1万亿的盘子推高10个百分点，和将市值10万亿的盘子推高10个百分点，所需的资金量不在一个数量级。当强劲的上升趋势，被趋于平缓的上升通道所替代时，说明上升的势能已经开始减弱了。

概括起来说，大行情的演变路径通常分为三个阶段，第一阶段是趋势的酝酿阶段，第二阶段是趋势的爆发阶段，第三阶段是趋势的衰竭阶段。势能指标也会经历从平缓，陡峭到再度平缓的转变。我们可以看一下沪指在2013年至2015年的牛市中所经历的势能演变过程，如图5–3所示。

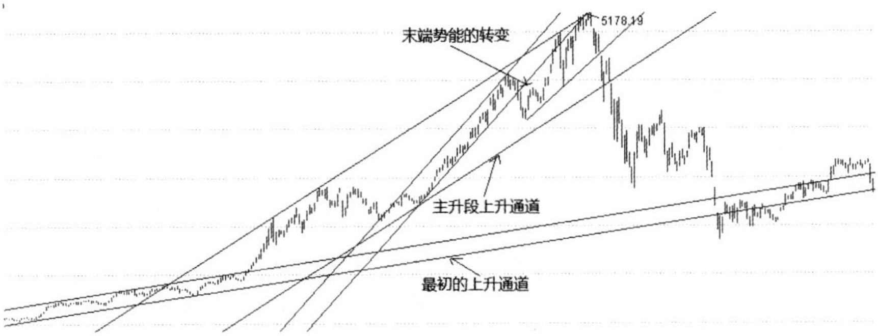

图 5–3

在图5–3中我们看到，最初的上升通道倾斜角度不超过30度，进入主升段之后，势能开始变得强劲，大盘的上升通道也变得更加陡峭，随着趋势的演进，大盘在次级通道内发生变轨，跌破次级通道下轨之后，又反贴回来，上升到次级通道下轨与主通道的上轨重叠处，大盘见顶回落。图5–3很好地展示了大盘势能从弱到强再由强转弱的整个演变过程。

5.3 势能的逐步衰减

当最初的上升是以迅速冲高的方式来实现的，接下来的势能演变过程又有什么特点呢？

如果在下降趋势结束的位置，恰逢管理层出台重大政策利好。第一组上升就会出现迅猛的上升势能。比如1994年沪指在跌到325点的时候，形态上已经调整到位，这时管理层出台了暂停新股上市的政策利好，大盘大幅跳空高开，并高开高走，演绎了一段波澜壮阔的反转行情。但是，从能量传输的角度来说，这样的行情持续性较差，因为在政策利好出来之时，场外资金还来不及进场，迅速做出反应的都是市场内部的存量资金。场外资金有期限的约束不可能在短时间内被大量调动起来，尽管上升的势能非常强劲，但快速上升只维持了两个月的时间，由于资金流入的速度跟不上股价上涨的速度，在经过两组快速的上升之后，随即出现大幅调整，回吐了第一组上升的大部分涨幅，中间几经反复，并耗时16个月的时间（相对于2个月的上升显得过长），大盘才消化掉这一轮急速冲高形成的套牢筹码，重拾升势，如图5–4所示。由于这一波上涨是在政策利好的推动下实现的，很多投资者在上涨过程中动用高杠杆操作，在随后的调整中输掉全部身家，甚至倒欠证券公司巨额融资款的也不在少数。在随后的调整中，还出现过一次暂停国债期货的利好（见图中间部分的巨幅跳空缺口），但依然没有形成新的上升势能，直到16个月的调整完成。新一波上升行情的初始阶段也是一步三回头，走得十分犹豫。上升通道的倾斜角度也比较平缓。直到突破第一波反弹高点1050点之后，上升才开始加速。这说明最初阶段的急速上升，有可能给后面的行情演化带来负面影响。

另一个案例是1999年爆发的网络股行情。这次行情的启动，并不是出于政策利好，而是出于资本市场对互联网前景突然迸发的集体狂热。经过最初的疯狂之后，虽然上升趋势又延伸了很长时间，但势能却是越来越弱，表现为上升通道的倾斜角度一波比一波小，最终在2245点出现了趋势的逆转，后面跟随了一个长达48个月的调整期，如图5–5所示。

图5–5左侧行情爆发阶段上升势能很强，大盘指数几乎是以70度角

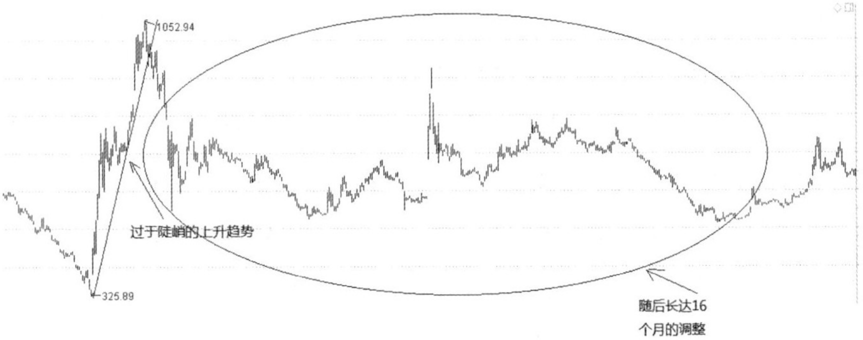

图 5–4

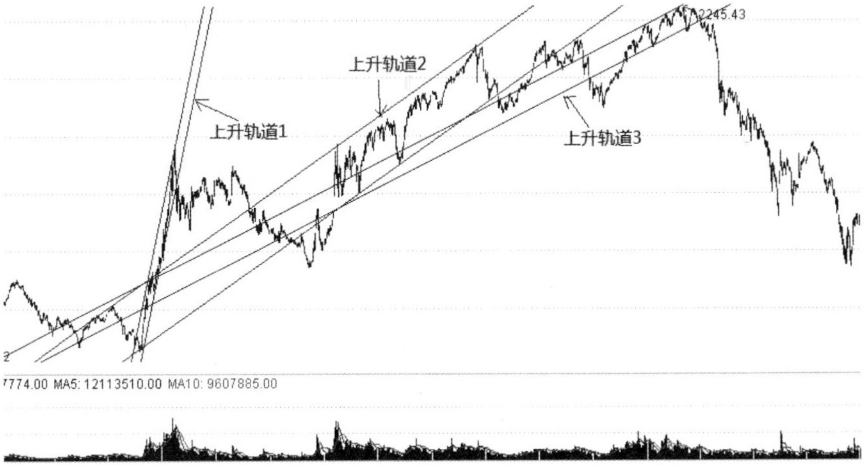

图 5–5

攀升，但迅速的上冲导致后面的资金跟进不足，造成上升势能越来越弱，表现为每一波的上升角度都比上一波平缓（见图中不同阶段逐步变得平缓的上升通道）。这样的行情虽然也可以持续较长的时间，但中间的过程比较反复，投资者不容易踏准节奏。发展到后期，由于个股分化严重，大盘缺乏持续性热点，股市盈利的难度越来越大，很多投资者都是赚了指数却没有赚到钱。

5.4 势能变化的标志——变轨

当资金流入股市的速度开始发生变化时，原有的通道斜率就会随之发生变化，出现所谓通道“变轨”的情况。

变轨分两种形态，一种是在原有的趋势内出现势能的转换，我们称之为“通道内变轨”；另一种是在原有趋势之外出现势能转换，我们称之为“通道外变轨”。通道内变轨是指在原有通道内发生趋势衰减的情况。如果在上升通道的尾段，最后一组上升脱离开前面次级波动的上升斜率，在没有触及通道上轨的情况下，就触及通道的下轨，这是势能衰竭的信号。上升通道内的变轨反映的是资金流入速度的减缓以及存量资金参与意愿的下降。如图 5–6 所示。

图 5–6 中，最后一波上攻在没有触及中期通道的上轨就跌破次级波动的下轨（见图中上升末段的上升趋势线），是势能衰竭的明确信号。如果我们没有在最高点卖出（事实上，最高点也是可以通过趋势分析预先

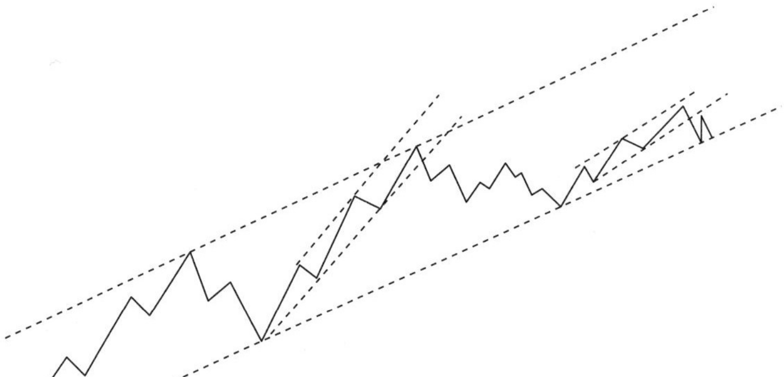

图 5–6

得知的），那么在跌破次级趋势的下轨然后反抽回来的位置，就要坚决离场。

上升趋势的“通道外变轨”是在一组推动波形态还没有走完，第4波回调跌破上升通道的下轨，随后在一个更加平缓的上升通道内运行。虽然股价可以再创新高，但势能已经明显减弱。当这个比较平缓的上升通道再度出现变轨时，通常会伴随着技术指标（MACD、KDJ……）的背驰，这是势能转换的明确信号。在牛市中，很多人一看见技术指标背驰就感到恐惧，实际上，牛市中的技术指标在见顶之前会多次发生背驰，只有在发生通道变轨的情况下，技术指标的背驰才具有转折的意义。图5-7是2015年股市见5178点之前出现趋势外变轨的情况，这次，变轨和背驰同时发生。

请读者注意图5-7下方指标图形中的第二个椭圆形圆圈所标示的区域，这是大盘在脱离了原有的上升轨道之后，技术指标所表现出来的状态。图中下方第一个椭圆形标出的区域，显示上升中间阶段动力指标的状态，其间多次出现了指标的钝化和背驰，但都没有伴随趋势的逆转。

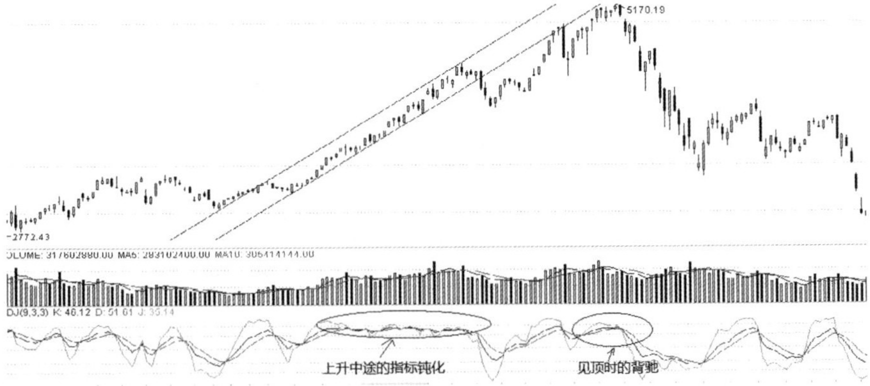

图 5-7

当通道外变轨和动力指标背驰同时出现时，就具有趋势转折的警示意义了。

这个规则非常有用，即使在熊市反弹中也经常会派上用场，我们只需将时间周期缩小到 15 分钟图，就可以看出同样的运行规律，当反弹的分时走势出现变轨，且新轨道的上升角度低于 45 度时，就是反弹趋势结束的前兆。这时对应的 15 分钟 K 线的技术指标也会出现背驰现象。用这个方法我们不仅可以提前预判牛市的顶部，同时也可以在熊市反弹中避开随时可能出现的暴跌风险。

5.5 熊市中的势能转换

上升趋势出现逆转，市场进入熊市，势能转换将变得更为复杂，即使是最简单的调整，也会出现 3 组不同的势能转化阶段。如果出现复杂的调整形态，则会出现更多次的势能转换。

我们就以简单调整为分析案例，因为复杂形态不过是简单形态的多重组合。熊市中简单形态就是之字形调整，它可以分为两组下跌和一组上升的分型走势。其中 A 和 C 是下跌组合，B 是上升组合。A 有可能是 5 波推动，也可能是 3 波之字形或平台型；B 有可能是之字形、平台型或三角形；而 C 则肯定是 5 波推动式的形态。就推动式下跌而言，其判断原理与推动式上升的判断原理是一样的，只不过方向相反而已。但熊市中的反弹（不管是 B 浪还是 X 浪），其势能的转换与牛市中的推动浪上升则完全不同。图 5-8 显示了熊市中第一组下跌的势能转换过程。

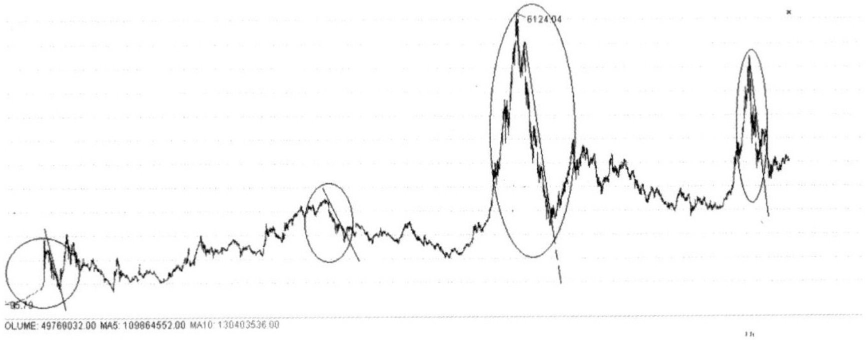

图 5–8

图 5–8 中，几个椭圆形所标示的走势图，都是熊市第一波下跌的组合形态。其共同特点是：下跌速度快且跌幅巨大。基本上将调整波的大部分空间跌完，有的时候甚至是完成全部的跌幅（如 2007~2008 年的熊市第一组下跌，就将长达 68 个月的熊市跌幅全部完成，其后的 C 波没有创新低）。这至少说明两个问题，第一，如果我们没有在顶部成功出逃，很可能会将牛市收益的大部分回吐；第二，在熊市第一组下跌没有结束的情况下，不宜轻易去“抄底”，否则依然逃不掉亏损的命运。那么，如何判断第一组下跌是否结束了呢？势能指标为我们提供了一个测量的标准。我们以 2007~2008 年的第一组下跌为例，见图 5–9。

从图 5–9 中我们看到，在长达 13 个月的下跌过程中，沪指的下跌势能经历了一系列明显的变化，出现两次通道内变轨，低点连线的倾斜角度逐步变得平缓，最后一跌几乎是贴着原有通道的上轨运行，最终突破轨道的上轨，宣告这一组下跌的势能已经终结。这时，我们可以肯定后面有一个月线级别的修正走势，也就是我们通常所说的 B 浪反弹，这个反弹的级次应该与第一组下跌的级次相同，这意味着，反弹的时间至少与前期 13 个月的调整时间周期成比例关系。而且幅度至少是前期下跌的

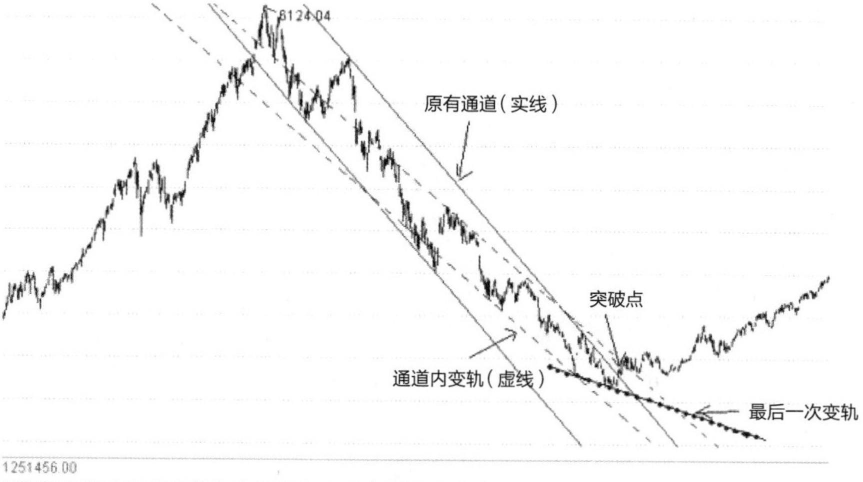

图 5–9

0.382 倍。事实上，后面的反弹持续了 8 个月的时间，反弹高度正好是第一组下跌的 0.382 倍。

在熊市中，B 浪反弹可以是之字形、平台形或三角形，我们还是以简单的之字形为例，因为平台型和三角形其实可以分拆为多个不同之字形的组合。在这里笔者需要强调的是，B 浪反弹的势能转换的方式与牛市的推动波上升有很大不同，因为熊市中的反弹主要靠存量资金推动，资金流入即使有，也不足以启动自我强化机制。有鉴于此，我们用两种方法来测量 B 浪反弹的势能转换过程。第一种方式是将 B 浪的波动拆分成两组，每一个分型走势都采用上升趋势中的通道画法，以此来反映资金流的有限增长，一旦次级通道的上升势能减弱，就减磅离场，两组上升过程的中间调整，需要通过我们前面介绍过的双重趋势测量法加以衔接。而对于 B 浪的整体通道，则采用相反的方式测量，即以 B 浪的低点连线作为下轨，在第二高点画平行线作为上轨，在触及上轨，或者跌破次级波动的下轨时，减磅离场。如图 5-10 所示。

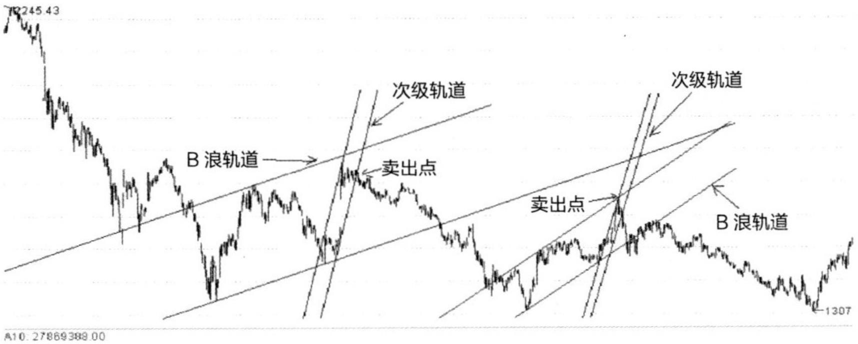

图 5-10

图 5-10 是 2002~2003 年沪指两次熊市反弹的走势图，这两次反弹，第一次没有达到 B 浪通道的上轨（见图中宽轨的上沿），卖出点设定在次级轨道下轨被突破的位置。而第二次反弹则达到了 B 浪通道的上轨，当与次级通道下轨交叉时就是卖出的机会。

C 浪下跌的势能转换模式可以参照 A 浪推动波下跌的测量模式，区别在于，如果第一组下跌的幅度较大，后边这一组下跌的势能可能会比较平缓，并且会出现通道外变轨的情况。但有一点需要说明，下跌趋势的逆转与上升趋势的逆转，对于势能的要求有所不同。在上升趋势中，只要上升倾斜角低于 45 度就要提高警惕，但在下跌的过程中，股价向上突破 45 度角的高点连线，依然不能说明大势已经反转。特别是当第一组 A–B–C 调整波形成的下降趋势线倾斜角大于 45 度时，随后的反弹即使突破了 A 波的起点与 B 波结束点连成的下降趋势线，并不一定意味着大盘完成了趋势逆转。这时候的反弹通常是一个 X 浪的过渡，反弹之后，大盘很有可能再创新低。这是因为，过于陡峭的下降趋势，不足以形成持续上升的能量储备，同时也不足以完成持续上升所要求的能量转化过程，见图 5-11 的走势。

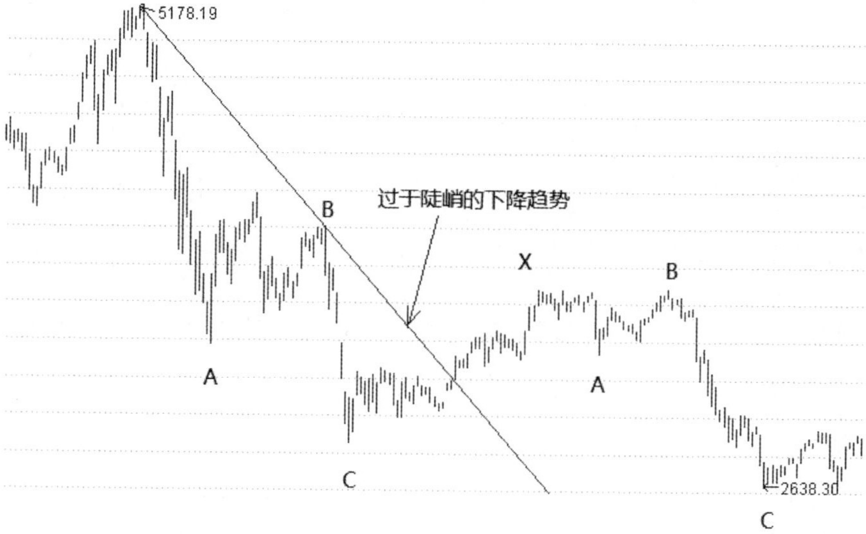

图 5-11

2015 年沪市从 5178 点见顶回落的第一组 A-B-C 调整完成之后，由于下跌趋势比较迅猛，随后的反弹即使超越下降趋势线也没有形成反转，在经过 X 浪过渡后，又走了一组 A-B-C 调整，并创出新低。

回顾 A 股历次大底的走势图，我们可以发现，趋势的逆转通常都是在低于 30 度角的趋势线被突破之后才出现的。如图 5-12 所示。

我们看到，大盘由下跌趋势转变为上升趋势，通常都需要调整很长时间，最终下跌趋势的改变都是以突破极为平缓的下降趋势压力线来得到确认的。这意味着，即使完成了形态调整，但如果势能不配合，就不宜轻言牛市的到来。

对于下跌过程的反弹，势能指标还有一个辅助性的判断作用，即在下降轨道内出现变轨的情况，不仅会出现反弹，而且反弹后的第二低点

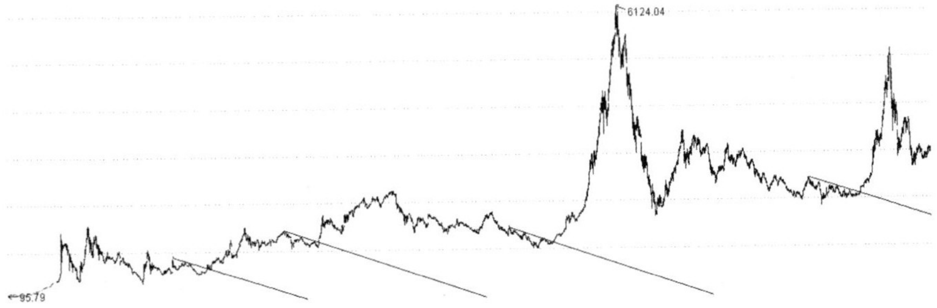

图 5-12

通常不会回吐 100%。而如果下跌是以原有速率直接打到下轨才出现反弹，则反弹后的第二低点有可能会出现二次探底的走势。如图 5-13 和图 5-14 所示。

比较一下图 5-13 与图 5-14 中股指走势是十分有趣的。图 5-13 在下跌途中已经出现了通道内的变轨，最后一组下跌的低点连线已经与通道下轨越来越远，下跌势能开始衰减，这说明市场价格水平的下行已经开始触及存量资金的底线，当大盘在第一波反弹之后又再度回调时，存量资金的承接力足以使股价不会回到反弹的起始位。而图 5-14 所表示的是第二种

图 5-13

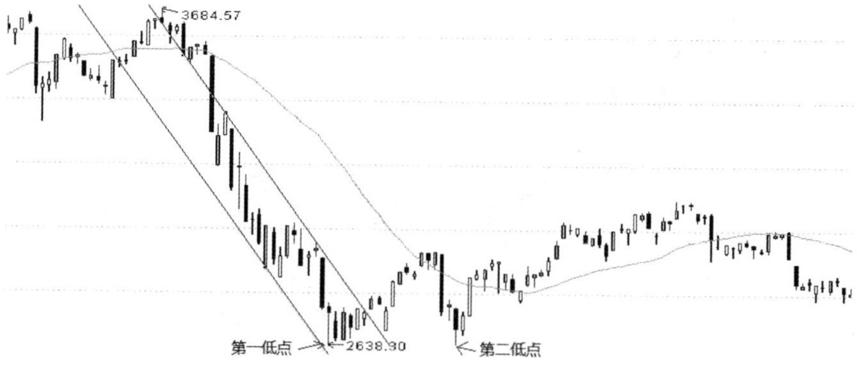

图 5–14

情况，股指在下跌过程中势能保持不变，在触及下轨的位置才开始反弹，说明资金流出的速度并没有减缓，在没有增量资金介入的情况下，股价随后的调整，就会出现回吐幅度达到 100% 的情况，重新跌到反弹的起始位置。

在反弹行情中，先强后弱的势能格局也比较常见。这是因为，下跌过程中的反弹，通常不存在蓄势的问题（除非是管理层掌握的资金在没有跌到位的地方人为托市），抄底盘害怕踩空和没有出逃的资金急于拉高，手中有大量筹码，也没有低位吸货的需要，所以在跌到支撑位时，启动经常都比较突然，初期上升势头比较迅猛，但在回调后，再次上冲时，由于整体资金存量并没有明显增加，随着解套和获利盘的逐步增加，上升趋势逐步趋缓，我们可以通过逐步修正趋势轨道的方式把握这种势能的演变，如图 5–15 和图 5–16 所示。

对于逐步趋缓的上升通道，操作上就要采取谨慎的方式，尤其是仓位要随着趋势的减缓而逐步减少，在跌破倾斜角低于 45 度的通道之后要坚决离场，等待市场重新发出买入信号。

概括说来，股价的趋势变化是一个逐步渐进的过程，上升势能的转

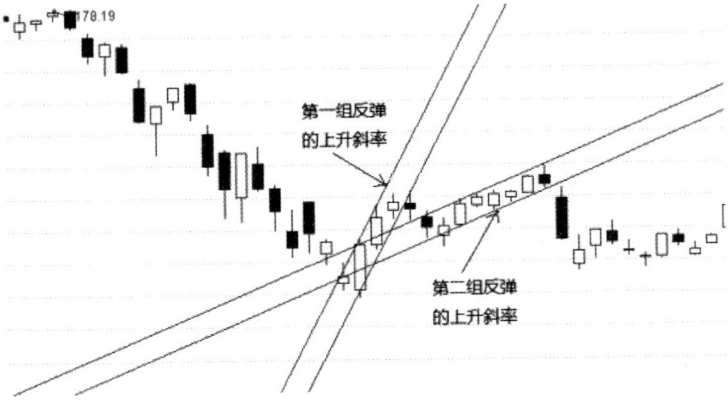

图 5–15

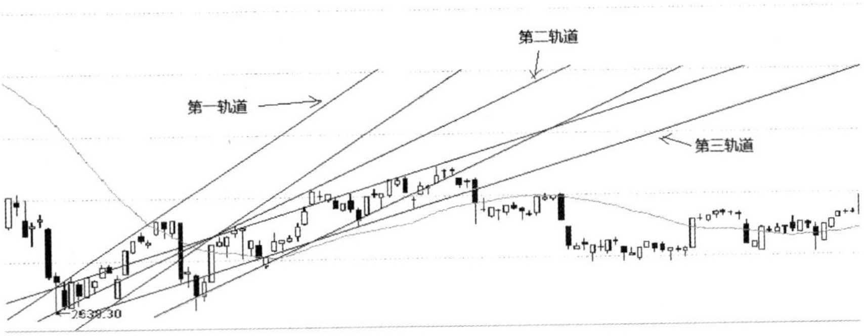

图 5–16

换有点像物体的抛物线运动，它的强化和衰减都有过渡的形态和通道相配合。而下跌势能的转换有点像流体力学，从最初的“飞流直下三千尺”，到后来的“长江后浪推前浪”，卖压形成的势差会逐渐缩小，表现为下降趋势线越来越平缓。势能指标的优点在于它的预见性，一旦势能指标发出转折信号，投资者可以提前做好准备。另外，在所有的技术指标中，唯有势能指标最不容易造假，这是因为，势能需要真金白银的堆积才可以形成，很难被人为操纵，因而应当引起投资者足够的重视。

Chapter 6

“天堂”的苦果与“地狱”的盛宴

——趋势转折的量能分析

从能量转化的角度来理解，股价的趋势运行与成交量的变化密切相关。在笔者的测市系统中，量能是指在趋势运行的不同位置，成交量所表现出来的阶段性特征，并不仅仅局限于股价单日形态与当日成交量的对应关系。作为趋势判断的标准之一，量能的变动曲线为我们提供了衡量趋势运行状态的一个维度，通过考察趋势运行不同阶段的量能分布图，可以帮助我们提高预判的准确度。

6.1 上升趋势中的价量关系

在传统技术分析的理论中，关于价量关系有一个普遍的观念，即认为在上升趋势中，“健康”的价量关系，应该是价升量增，价跌量减。这种解释在逻辑上似乎没有什么问题。当股价上涨时，随着解套盘和获利盘的增加，随机的卖出量也会增加，而股价要维持上升势头，就必须做到买入量持续地大于卖出量，这样一来，成交量随着股价的上升而持续放大似乎是顺理成章的事情。但是，如果沿着这条思路推论出成交量的大小与股价高低成正比的结论，相信所谓“天量天价”的说法，就难免会陷入判断的误区。从实证的角度来说，这种推论与实际情况并不吻合。

通过对A股长期走势的认真考察我们发现，在牛市的不同发展阶段，成交量与股价的关系并非一一对应。有的时候是价升量增，也有的时候是价跌量增、价升量减，还有的时候是放量滞涨。这种并不规则的价量关系，需要我们将成交量的变化，放到趋势变化的框架中加以理解，单纯看成交量与股价的关系，很容易得出错误的结论。打开上证指数图，我们可以看到，在上升趋势的初期，基本上保持着价升量增、价跌量减的“正常”关系。但到了中段，当指数的上升逐步加速的时候，每一次大的回调，至少在第一根巨阴出现的地方，成交量都会异乎寻常地放大，而且往往超过前面上涨时期单日成交的最大量幅。很多人一看下跌放出巨量，就慌忙离场，以为“天量”必然伴随着“天价”，而结果却是错过后面的大行情。实际上，在上升趋势的中间阶段，下跌放量是正常的状态。试想，当股价经过连续上涨之后达到资金增速的上限，引起大量获利盘和解套盘的集中释放，在下跌的过程中，会与加速流入股市的新增资金发生对撞，成交量剧增是非常自然的现象。经过这种换手，对冲掉暂时的卖压之后，股价又会重拾升势。在大牛市中我们曾经多次看到，上升途中出现一根放量阴线之后，第二天指数就止跌回稳，重新开始新的上升行情。图6-1是沪指在上冲5178点的过程中，下跌放量和上涨缩量的示意图。

在图6-1中，K线图用椭圆形圈出的部分表示上涨过程中出现的调整，调整的阴线都放出了当期巨量（下面对应的成交量变化，也用椭圆形标出）。在放量下跌之后，股市并没有出现趋势的逆转。有些时候市场只是出现了一波小的调整，比较极端的情况则是一根巨阴就完成了单日调整。图6-1同时显示，在牛市的中间阶段，也会出现价量背驰，见图中左侧第三个椭圆（横向）所标示的价量关系，这一个区域的

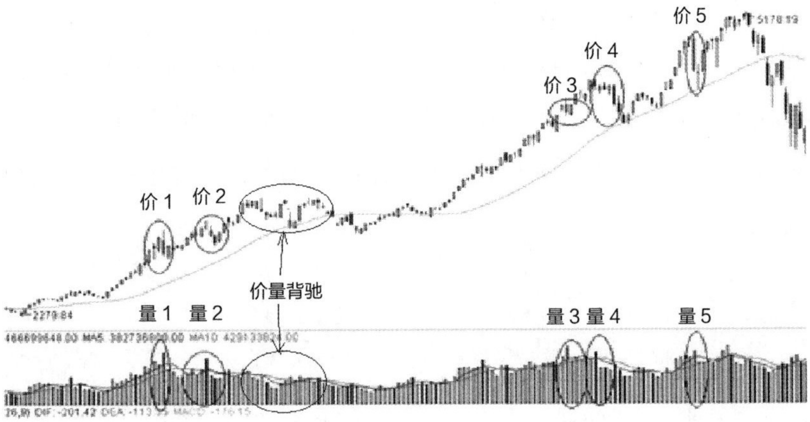

图 6–1

成交量明显低于左侧两个椭圆形区域所对应的成交量，但大盘并未在这个价量背驰的位置见顶，而是经过强势整理之后，再创新高。笔者对此是这样来理解的，沪指的 3000 点区域（左侧两个椭圆形所标示的部分）是下跌过程的密集成交区，当大盘上攻到这个位置的时候，解套盘和获利盘与新增资金需要完成全面换手，出现成交放量是未来大盘继续上涨的必要条件，不完成充分的能量转换，在这个位置的卖压就无法得到足够的释放，反而不利于后面的行情发展。至于 3400~3700 点区域（左侧第三个椭圆形所标示的部分）的价量背驰，则是充分换手后的伴生现象。因为在前面的放量震荡之中，股票筹码已经集中到乐观持有人手中，持股的稳定性增加。大盘在突破成交密集区后的继续上涨，也会迫使一部分前期做空者回补仓位。这部分投资者的持股稳定性也会比以往强。随着后续资金源源不断地涌入，大盘可以在不经过充分换手的情况下继续上涨，表现为价升量缩的格局。如果上升趋势维持原有格局不变（表现为上升趋势未发生通道内变轨或通道外变轨），价量背驰就不是见顶信号。

与市面上普遍流行的观点不同，在牛市中，天量并不意味着天价。顶部区域的成交量往往并不是最大的，反而是左侧的次高点有可能出现最大的成交量。图 6–2 是沪指在 2006~2007 年大牛市过程中股价与成交量的对比图。

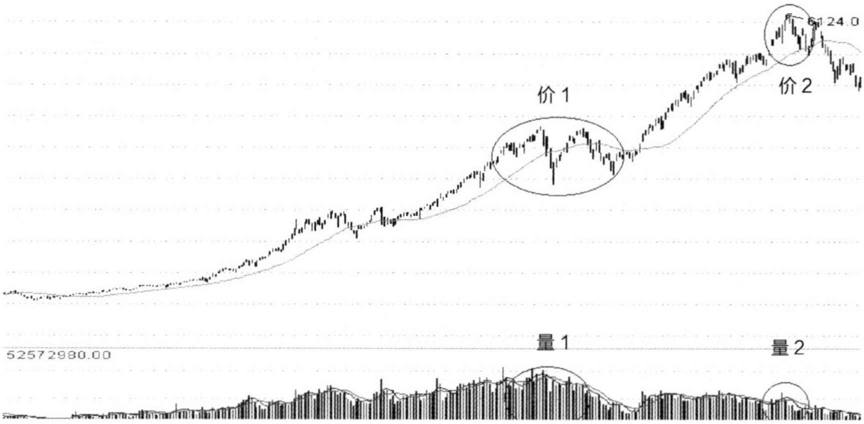

图 6–2

在图 6–2 中我们看到，真正放出巨量的地方，并不是股市的顶部，而是在 4000~4300 点这个区域（见图中价 1 的椭圆形所标示的部分），而在 6124 点附近（图中价 2 的椭圆形标出的部分），成交量反而明显缩小。图 6–3 是沪指在 2014~2015 年上升趋势中股价与成交量对比图。

在图 6–3 中我们看到，最高点 5178 附近（K 线图中价 2 的椭圆形所标示的区域）与左侧 4500 点附近（价 1 的椭圆形所标示的区域）的成交量并没有明显变化。两个高点的成交量大体相等，甚至最高点的成交量还略有萎缩。唯一不同的地方在于，4500 点附近放出当期巨量的两根 K

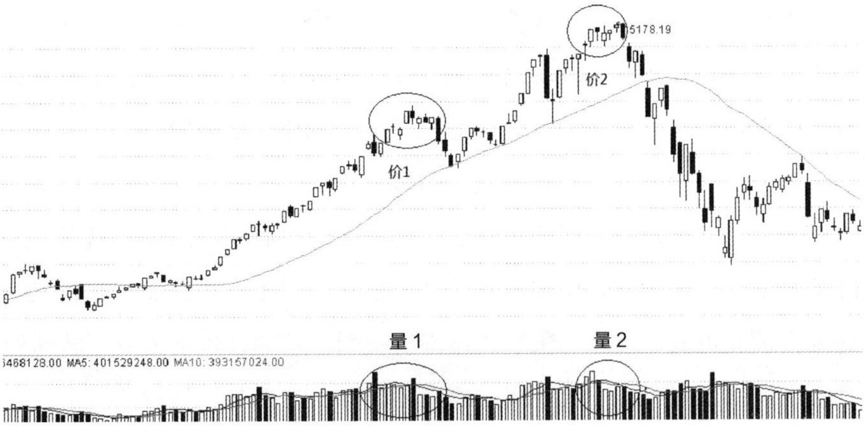

图 6-3

线都是阴线，而 5178 点附近放出当期巨量的 K 线为两根放量滞涨的阳线。这个区别的意义在于，牛市中的下跌放量，表明下跌势能有大量的承接盘做对冲。而上升放量却滞涨，说明在资金涌入的同时，上方的卖压也在迅速加大，持股稳定性开始松动。从图 6-2 和图 6-3 来看，"天量天价"的说法更多的是一种想象，而不是现实。

经过反复的对比我们发现，上升趋势在酝酿阶段是成交缓慢攀升的过程，进入到主升段则是上涨成交量增加，下跌成交量增加得更多（至少在下跌初期是如此）。即使是在中间整固形态的底部，成交量的萎缩也不明显。到了牛市的尾段，当股价上涨而成交量没有明显增长或者降低时，则属于背驰现象。在多数情况下，股市顶部都会出现这种背驰现象，即价格不断创新高，成交量反而或多或少地发生萎缩。这是由于，真正多空对决的位置，是在次高点，这通常是新增资金和市场中存量资本的第二次或第三次对撞。这时，有过熊市经历的投资者会对眼前的疯狂保持警觉，开始猜测顶部的到来，并且被技术指标（如 KDJ、RSI、

MACD 等）的连续钝化和背驰所迷惑。当股价出现回调时，一部分谨慎的资金会选择离场，这种卖出的压力和汹涌进入的外部资金再度发生对撞。而在这个时候入市的资金，是被大牛市的赚钱效应吸引过来的“新生”力量，之所以称之为“新生”力量，是因为这部分资金的绝大多数持有人过去从未接触过股票，对于市场的风险没有切肤之痛，是多年经济发展培养出的股市新生代或者是别的行业的退出者，比如实业领域的资金会被股市的“超高”预期收益率所吸引，将实体经济的资金转移到股票市场，出现所谓“低效率”要素的转移。这部分人持有的资金总量通常会比经过熊市筛选剩余下来的资金存量要大。对冲的结果，股票开始大量进入新股民和一些坚定的多头手中，由于这部分人持有股票的稳定性更高，所以在随后的上涨中换手率进一步下降，只需要不多的买盘就可以推动股价上涨，表现为价格上涨，成交量反而降低。牛市最后一段的上升，很大程度上是以“新生”资金为动力的。这就是为什么大盘在“天价”的位置，成交量反而缩小的原因。问题在于，大盘在换手不充分的情况下缩量空涨，一旦后续资金跟进不足，市场就会在没有支撑（因为换手不充分而出现“空涨”）的情况下出现急速下跌。

当固定收益资金池的存量资金逐步消耗殆尽的时候，股市的增量资金失去了来源，股价上涨的动力就会逐步衰减，表现在上升趋势上，就是出现通道内或通道外的变轨。这一点我们在势能一章中已经做了介绍。这里需要特别指出的是，在上升趋势中，并不是每一次价量背驰都意味着顶部的到来，只有当上升趋势出现通道变轨，同时伴随着成交量相对于股价的明显萎缩时（如果再加上动力指标的背驰），价量背驰才是见顶的征兆。

6.2 下降趋势中的价量关系

在下降趋势中，成交量与股价之间才开始呈现出我们通常所说的“正相关”关系，即价升量增、价跌量减。熊市中的“天量”往往对应着熊市中的“天价”，而“地量”则一般是熊市反弹的先兆，但不是反转的先兆。从图 6–4 中可以看出沪指在熊市中的量能变化规律。

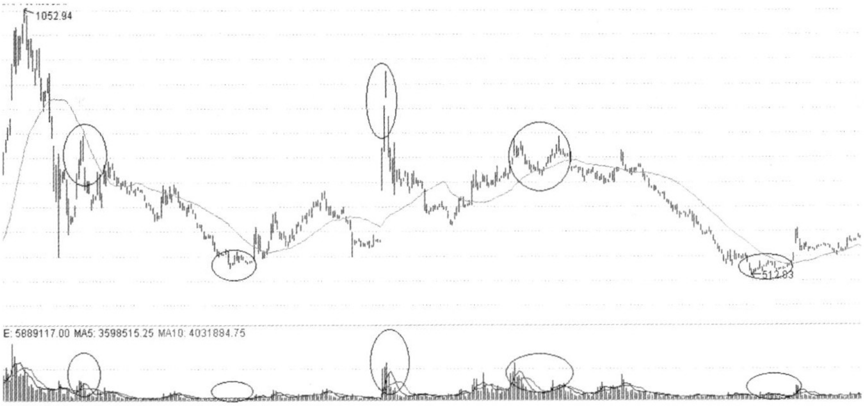

图 6–4

图 6–4 显示，熊市中成交量最大的峰值，同时也是股价的顶部，而反弹的低位，通常成交量也会萎缩到当期最低，这几乎可以成为熊市量能指标变化的规律。即使是在全流通的背景下，这个规律也没有改变。图 6–5 是股权分置改革之后在调整过程中的价量关系图。

由于中国股市处于高速扩容的阶段，上市公司越来越多，加之“大小非”解禁的全流通过程，熊市中成交量的下降趋势只是相对于近期阶段而言，就大的趋势而言，成交量是呈指数增长的。但总体来说，在下

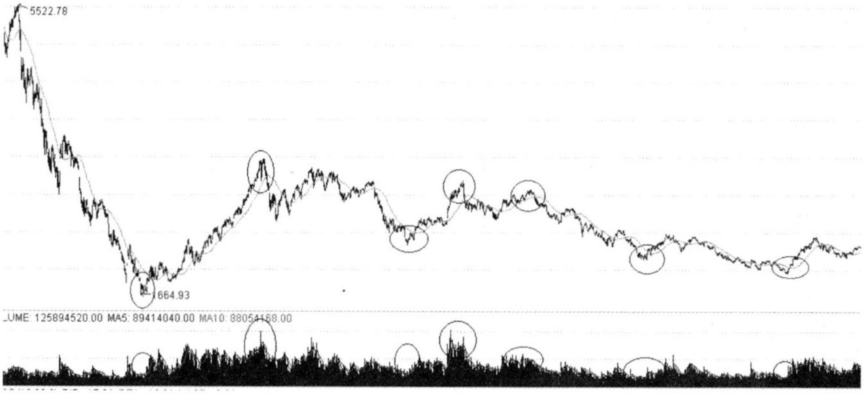

图 6-5

降趋势中，上涨时量增、下跌时量减，而且随着股票价值中枢的下移，每一次反弹的高点，都会比前一个反弹高点的量能要低。

即使是在国家用真金白银拉权重股托市的情况下，这个规律也没有改变，图 6-6 是 2015 年调整以来沪指价量关系变化图。

从上面三张价量关系图中，我们看到，在下降趋势中，价量关系基

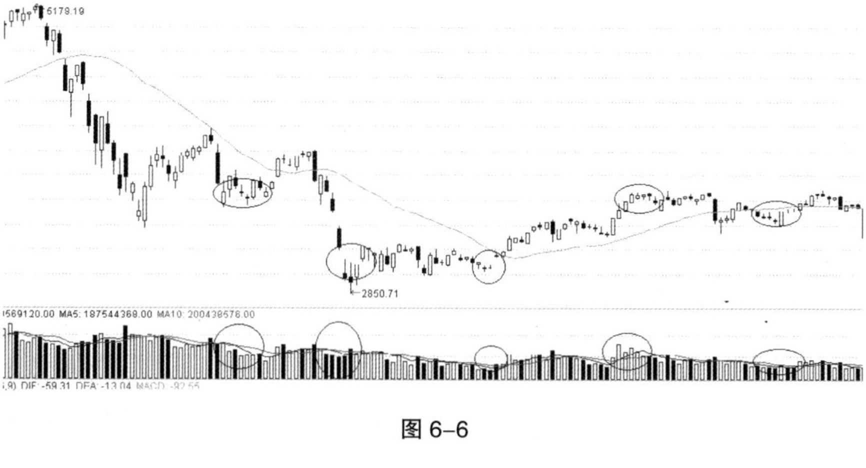

图 6-6

本上表现为上涨时量增、下跌时量减。反弹的高点同时也是同期成交量最大的点，在成交量极度萎缩的地方，也是反弹行情开始的位置，几乎没有背驰的现象。"天量天价"其实是描述熊市中股指见顶的情况，如图 6–7。

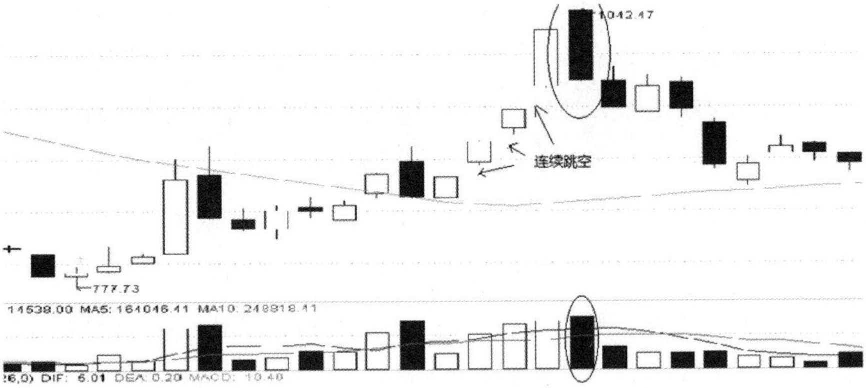

图 6–7

图 6–7 是笔者截取的一段深成指在熊市中 B 浪反弹的价量关系图，反弹高点对应的成交量，几乎是前面牛市顶部成交量的两倍，其道理与牛市中途次高点的放巨量是一致的，但意义相反，在这个位置，新流入的资金量已经不足以对冲掉获利盘和解套盘，入场的新生代全线套牢，成为后续股指下跌的新动力。

在熊市中，股价与成交量的这种正相关关系，既与资金的净流出有关，也与存量资金的参与意愿有关。在下跌趋势中，由于高点和低点都一个比一个低，抄底获利的机会较少，并且稍有不慎，就会被套牢。这样一来，在股价下跌的过程中，参与抄底的投资者会变得越来越谨慎，参与的人数也会越来越少，卖出盘缺少交易对手，在下跌的过程中成交量就会相对萎缩。而在反弹过程中，存量资金的逐步介入，虽然可以推高股价，但由于新股民都被深套其中，而下一批股市新生代还没有培养出来，无法形成对场外资金的吸引，产生“虹吸效应”和“自我强化机制”，在多空力量对决之后通常都是多头败下阵来。所以，股市在放量受阻之后，往往是新一轮下跌的开始。

既然熊市中的价量关系是价升时量增、价跌时量减，按照逻辑推论，在熊市的末段，成交量是不是会降到最低呢？市面上流行的“地量地价”的说法有没有道理呢？这还是要用实证的方式来解答。我们再回顾一下图 6–3 和图 6–4 的情况，事实上，在长期下降趋势中，反弹的低点位置通常成交量也是最低的，但在下降趋势的终结位置，或者说是在牛熊转换的区域，成交量会发生一些微妙的变化，出现底部价量背驰的现象。

股市中的 V 型反转，其量能特征就是在底部放出巨量，这通常是在股市接近底部的时候，出现了基本面的利空。这是最后的恐慌盘和抄底盘的对冲，出现了放量下跌然后又迅速上涨的情况。

此外，即使是温和的筑底过程，其量能指标也会出现价量背驰，即在最低点的成交量经常会大于左侧次低点的成交量，在这里，顶背驰与底背驰的区别仅仅在于：在牛市顶部是价格创新高，成交量反而缩小或不变；而在熊市底部的背驰则是，在最低点的成交量比左侧次低点的成交量要大。图 6–8 是沪指在 2013 年 6 月见 1849 点时的情况，比较左侧低点的成交量与 1849 点的成交量会发现，在这个位置，股价创出新低，成交量却比左侧次低点的成交量有明显增长。这就是底部价量背驰的情况。

在这里，价量背驰不是指从高点下来的成交量越来越大，而是与前一个次低点比较，最低点的成交量是否有所放大。经过对中国股市历次底部的比较我们发现，熊市中“地量地价”的说法并不可靠，反而是低

图 6–8

点成交量的背驰需要引起我们的警惕，底部很可能在价量背驰的地方悄然而至。

造成底部价量背驰的原因在于，随着股价的长期调整，持仓者的心理会陷入极度恐慌的状态，而这时的基本面情况也是乏善可陈。最后的利空消息有可能会引发非理性的杀跌行为，这部分杀跌盘是熊市中最后的守望者，他们的集中抛售与股市靠自然增长率积累的新增资金的买入，形成对冲，造成成交量的温和放大。这种温和放量使得长期下降趋势中卖盘大于买盘的状况得到逆转。当"最后的卖出者"离场的时候，股市的存量资金就足以托住股价，使之不会再创新低，自然增长的资金增量会使股市的低点逐步抬高，上升趋势的形成就仅仅是时间问题了。

在下降趋势中，还有一种价量背驰也可以带来操作层面的机会。就像我们在前面所讲的那样，熊市中，一般的规律是价升量增、价跌量减，但如果在调整中出现价跌量增的情况时，又会出现什么可能呢？图 6–9 是 2016 年 5 月 ~2016 年 9 月沪指的一段反弹行情，在图中用椭圆形标注的阴线，对应下面的成交量图，都出现明显的背驰现象，即价格下跌，成交量反而放大。这意味着在价格下跌的过程中，有大资金在做有意识的抵抗。由于这部分资金不以盈利为目的，在放量下跌的过程中，可以对冲掉恐慌盘的杀跌动力，阻止了自然下跌过程中通常会发生的自我强化机制，因而在放量下跌之后，往往会重新开始反弹。这为我们提供了一个在管理层直接入市干预的情况下，熊市反弹行情的特殊判断标准。

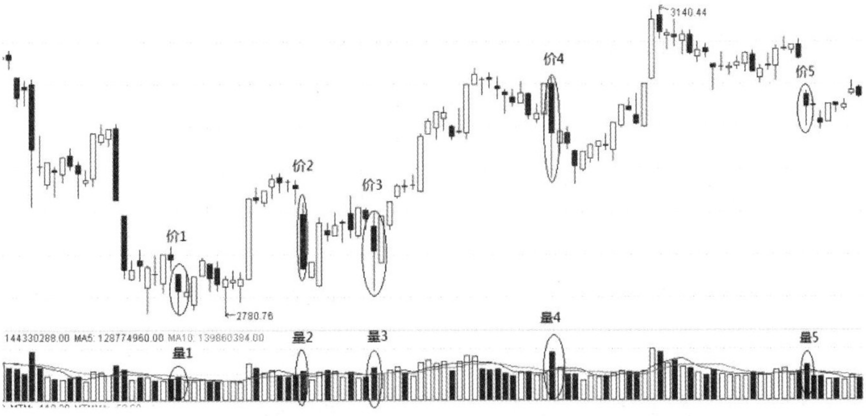

图 6–9

6.3　突破形态的价量关系

我们在“位置”一章中，介绍了一些位置会构成股价的支撑或阻力。那么，当股价突破这些关键位置的时候，需要什么样的价量关系相配合呢？一般而言，股价向上突破重要阻力位时，必须配合成交量的放大，如果突破过程没有伴随成交量的放大，就很可能是假突破。这其中的道理非常简单，重要的阻力位通常都意味着有大量的套牢筹码存在，这就好比空方在一个重要的防线集结了一个师的兵力，多方只上去一个团，并且缺乏后续部队（成交量没有放大的另一个原因是后续资金跟进不足），即使暂时突破敌方防线，由于没有将对方的有生力量消灭，用股市的术语来说就是没有经过充分换手，这相当于双方的部队没有完成换防，守卫它的还是"敌方"的人员，因而很难最终占有并守住这块阵地。图 6-10 是沪指在 2016 年一次反弹中的 15 分钟走势图：

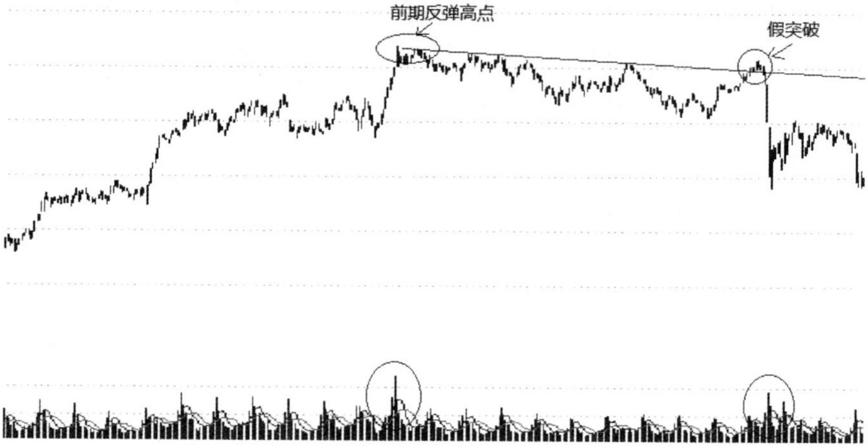

图 6-10

图 6-10 中，沪指在经过一段时间的盘整之后，形成了一个类似于扩张三角形的平行整理区域，在最后一波上攻中，曾经一度突破平台形的顶边，但由于上涨主要是权重股的拉升所致，其他股票很少跟进，成交量并没有明显放大。比较一下前期反弹高点的成交量与突破点的成交量（见成交量图中的椭圆形标出的量能变化与 K 线图中椭圆形所标出的对应位置），很明显，突破点的成交量水平不足以完成有效突破所要求的换手率，所以，大盘在突破后没有多长时间，又跌回到平台下方。

图 6-11 是沪指 2014 年上攻前期蓄势过程和突破压力线的走势。图

中被圈出的部分就是沪指有效突破长期压力线的价量关系，在股指向上突破的同时，对应的是一个成交持续放量的过程。可以这样来总结，凡是向上突破成交密集区、颈线位、下降轨道的上轨或X线的反压点，都需要配合成交量的放大，才有可能形成有效突破。那么，成交量要放大到一个什么样的水平，才足以形成有效突破呢？在这里需要强调的是，成交量的放大并不是指相对于低位的成交放大，而是相对于左侧对应区域的成交量水平。图6-10中突破下降趋势时的成交量上升幅度，已经高于左侧下跌过程中形成的量能分布。这样的成交量水平，可以保证完成充分换手，将套牢的恐慌盘转化为乐观持有者。经过这种充分的能量转换，股价的上升趋势才会得以维持，原有的解套资金和后续的新增资金也会因害怕踏空而追高买入，从而支撑股价继续上涨。

图6-11

但不是说所有的突破都需要放量，比如向下突破重要的支撑位，成交量的放大则肯定是有效突破。因为向下的突破放量，股价低于支撑位，意味着原来预期这里会上涨的投资者买入被套，股价一旦反抽回来，这部分套牢筹码的平仓就会引发新一轮的下跌。但有时候，向下突破支撑位并不需要放量作为有效性的前提。图 6-12 就是一个实战案例。

图 6-12

图 6-12 是 2016 年 1 月 4 日沪指向下突破重要支撑位时的情况，K 线图中椭圆形标出的就是向下突破的区域，但对应的成交量并没有放大，甚至还有一定程度的萎缩（见成交量图中对应的那根成交量柱线）。这是因为，当买入者普遍谨慎的情况下，卖出者找不到接手盘，就会出现缩量空跌的局面，当空跌拉出的亏损空间足够大时，也足以造成持仓者的恐慌。这样一来，即使关键位置没有承接盘，股指也会在成交缩量的情况下有效突破关键点位。

在关键点上的突破如果放量，肯定是有效突破，但是如果放量之后，股指只是瞬间突破，收盘又回到突破点上方，又会出现什么情况呢？

图 6-13 中第一道支撑线被一根放量阴线击穿，可以确认是有效突破，见价 1 所圈出的阴线和量 1 所对应的成交量。在价 2 的位置，沪指温和放量，但只是瞬间跌破趋势线，收盘点位又回到趋势线上方，这意味着大盘在这个位置会出现反弹，但力度可能有限。因为向下穿越趋势

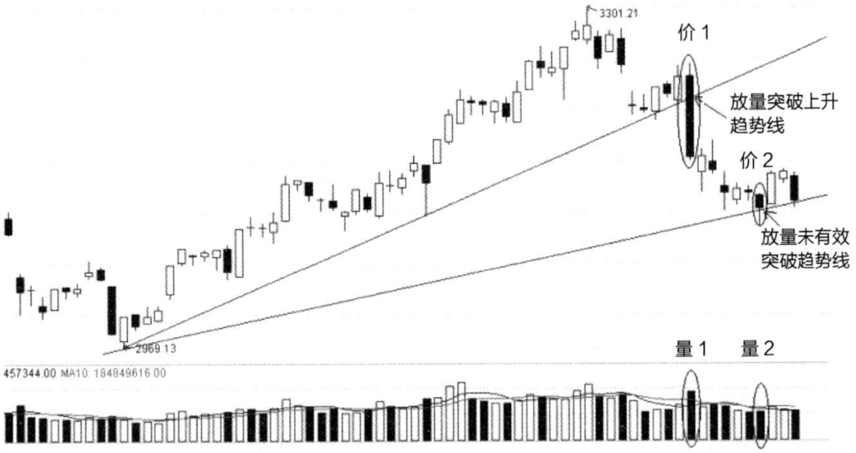

图 6–13

线，表明该线的支撑力度不强。向下穿越的幅度越深，表明支撑的力度越弱，抢反弹就越应该谨慎。

量能虽然是一个重要的指标，但它的作用主要是辅助性的，不宜孤立使用。根据笔者的经验，量能的变化需要和股价的形态、势能和所处位置结合起来综合研判。在趋势运行的不同阶段和位置，量能会有不同的表现。不能孤立地用成交量作为唯一的判断标准。也就是说，在趋势运行的不同阶段，当形态、时间、位置和势能都指向一个可能的走势时，如果有特定的量能指标相配合，可以进一步增加判断的准确性。如果在特定的场合没有对应的成交量配合，比如在该放量的时候缩量，在该缩量的时候却放量，就要警惕骗线的可能。

量能的变化是存量资金、增量资金与可流动性股权综合作用的结果，假定可流动性股权的总量已定，量能变化的上限受制于存量资金加增量资金与交易意愿系数。所谓交易意愿系数，是指在总的存量资金和存量股权中，投资者愿意参与交易的比例。在增量资金为零且股权数量不变的情况下，存量资金与交易意愿系数的乘积决定了股价波动的上限和下限。为了对量能变化的趋势做前瞻性的判断，投资者有必要对证券市场存量资金和增量资金的变化做长期跟踪。证券市场存量资金可以参照“中国证券登记结算有限公司”公布的证券市场交易保证金数据。根据这个数据可以从宏观的角度把握资本市场资金供给的变动状况，但考虑到该数据的滞后性以及无法对融资额特别是场外配资的完全覆盖，也没有加入参与意愿的系数，因而只能作为价量关系前瞻性预测的一个参考性指标。

一般而言，资金向证券市场的流入呈三种状态：第一，自然增长，即随着经济发展而随机增加的证券市场保证金的数量，这一部分的增长是缓慢而稳定的，这可以解释为什么证券市场的长期走势是底部逐步抬高的（顶部的抬高则需要经济增长带来的股市预期收益率的提高）。第二，其他市场的溢出状态，如降低存款准备金率引发的资金阶段性流入。第三，由预期收益率增长带来的外部资金的持续性流入，通常是证券市场对其他资金池产生“虹吸效应”的资金状态，这种状态往往同时伴随着证券市场杠杆率的急速攀升。对这些流动数据更为精确的分析，需要等待有关统计系统的完善，这也是趋势判断法在未来需要进一步细化的研究方向。

Chapter 7

如何做股市中的“福尔摩斯”

——趋势与推理

凡是学过技术分析的投资者可能都会有这样的体会：不管我们掌握了什么类型的测市方法，各种分析工具运用得多么娴熟，在扑朔迷离的股价走势面前，依然是雾里看花，难以得出确定性的结论。在许多场合，我们经常受困于多种相互矛盾的选择，但并不知道哪一种选择是唯一正确的。趋势判断法试图通过五个不同的观测维度，逐步收窄未来变化的可能性空间，以增加预判的准确性。现在的问题是，如果这五个维度发出的信号并不一致，我们又该如何取舍呢？比如，在一个上升趋势中，形态和时间都没有发出转折信号，量能和势能却出现了背驰；或者形态上走出延续特征，时间上却面临重大时间窗口……当判断标准发生冲突的时候，有没有一种方法可以排除各种似是而非的可能，找到市场未来最大概率的演化路径？假如同时面临三种可能，我们能否像福尔摩斯探案那样，排除其他嫌疑人，找到真正的“元凶”？这里涉及趋势运行的规则，以及根据这些规则所做的推理。在做实战解说之前，我们需要对趋势推理的规则做一个概括的说明。

7.1 最低限度原则

我们在前面已经说明，股价的趋势运行受制于资本存量的供给和资金净流入（或流出）的速率，其波动的范围不可能是一个完全随机的事件。不管是哪一个级次、哪一个阶段的波动，都有其运行的边界。最低限度原则是指在趋势运行的五维向量中，波动组合、波动幅度、波动时间、波动势能与波动量能之间都有一个最低限度的比例关系，达不到这个比例，只有两种可能：要么是我们所假设的上一级波动还没有完成；要么是我们的这个假设本身不能成立，需要寻找其他的替代方案。这个原则可以帮助我们极大地缩小选择的范围。下面，我们就分别对它们加以讨论：

一、最低组合原则

不管在哪一个级次的波动组合中，只要出现一组趋势性运行，在经过整固形态之后，至少会跟随另一组同一级别的趋势运行。在这里，趋势运行被定义为，一组波动形态至少由三个低点和三个高点组成，且高低点的数量为奇数。这是因为，有三个低点和三个高点的运行表明资金流动出现趋势性变化，从而形成股价的上升或下跌的通道。高低点为偶数的情况属于趋势未能形成的状态，表明股价波动是由存量资金推动，它只能在原有的波动区域内运行。最低组合原则如图 7–1 所示。

图 7–1 说明，只要是出现一组趋势运行，经过调整之后，至少会有另一组同等级别的趋势运行出现。以上升趋势为例，如果只有两个高点，说明仅仅是存量资金的推动，或者是增量资金不足以形成股价的趋势运行。如果股价在第三低点获得支撑，并在随后创出新高，说明存量资金的参与意愿被调动起来，或者有部分增量资金进入市场。按照能量传递的惯性特征，至少会形成同等级次的另一组上升。

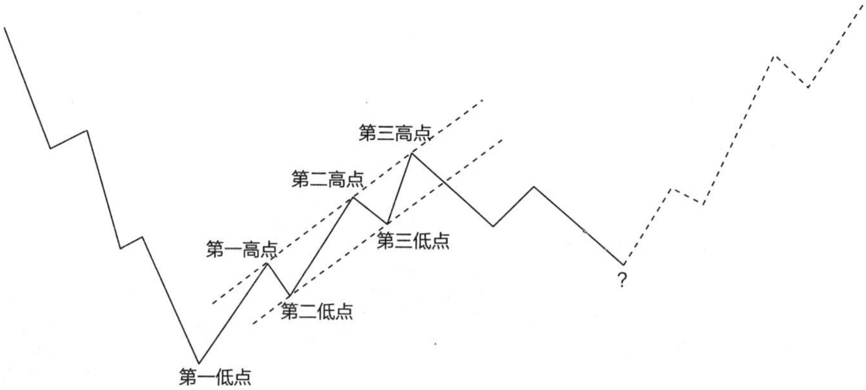

图 7–1

反过来说，如果一组下跌形成了趋势运行，即出现了三个高点和三个低点的组合，这意味着资金出现净流出的状态，在经过反弹，形成新的筹码分布之后，会形成新的下跌动力，随着资金的进一步流出，至少还会出现同一级别的另一组下跌。在这个下跌之后，如果资金净流出的过程终止，指数就会止跌回稳。如果在反弹没有超越通道上轨的情况下，又出现一轮创新低的调整，这意味着资金净流出的趋势并未改变，在反弹之后还会出现一个更大级别的下跌。为了便于读者理解，我们用图形来加以说明，见图 7–2。

在图 7–2 中我们看到，如果出现一组推动波下跌，按照最低波动原则，在反弹之后，还会出现另一组同等级别的下跌。如果在第二个低点反弹后又出现第三组下跌，就会形成一个更大级别的下跌趋势。我们用最低组合原则可以推导出，反弹之后，还会跟随一个同等级别的下跌组合（见图中的右半部分）。上升趋势同样可以按照这个逻辑推导，只不过图形的方向相反而已。利用最低组合原则进行逐级类推，能帮助我们对股价变化提前做出预判。

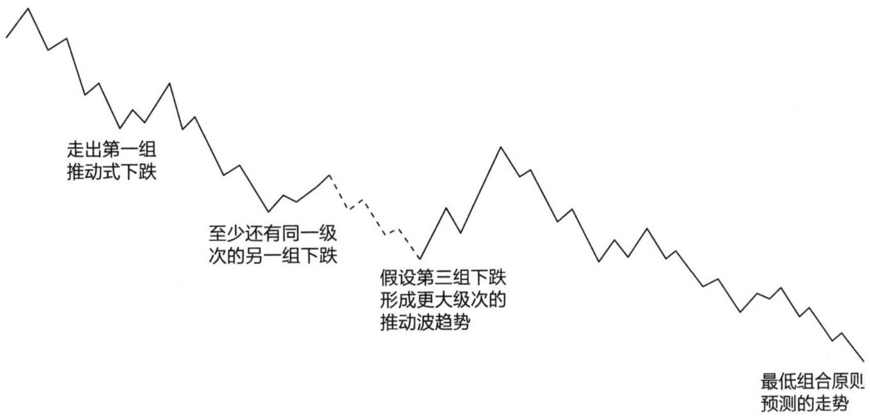

图 7–2

二、最低波动原则

最低波动原则是指每一个级别的推动波相对于它的调整波，或者同一个组合形态中的次级波动之间，都会有一个最低限度的波动比例。比如，每一个调整波的幅度至少是前一个推动波长度的 0.236 倍，达不到这个幅度，要么说明调整没有到位，要么说明原有的趋势还没有结束。在 A 浪走推动波的情况下，B 浪的反弹幅度不可能低于 A 浪的 0.382 倍。如果达不到这个高度，只有两种可能：一是 B 浪还没有走完，调整之后还会有一个创近期新高的波动；二是目前运行的反弹可能不是 B 浪，而是 A 波延伸形态的次级波动。在三角形和平台形调整中，每一个波动之间都存在最低限度的波动比例关系。在 1、3、5 的推动波之间，也是如此。比如波浪理论中的第三浪不可能是最短的一浪，就可以看成是一个最低限度原则，即第三浪至少要与其他两组波动中的一组等长。这一部分内容，在所有的波浪理论的书籍之中都有介绍，这里笔者就不重复介绍了。

三、最低时间周期的量比

最低时间周期的量比表现为，两组相邻的波动之间最低限度的时间周期比例。根据笔者的观察，在不同的阶段，这个最低时间周期量比是不一样的。在牛市初期，资金流入的速度较慢，加之持股人心态不稳，一有调整就清仓离场，造成牛市第一波之后的调整期所用时间都比较长，但也基本符合斐波那契数列的比例关系。比如上涨 5 个月，随后的调整耗时 8 个月（5+8=13）等等。在牛市的中期阶段，由于资金净流入的速度加快，出现过上涨 24 周，调整只有 5 周的情况。也就是说，牛市的主升段期间，最低时间量度的对比也要达到 5：1 的比例。在熊市的反弹中，相邻的波动时间量比则接近相邻的斐波那契数列，比如下跌 13 个月，反弹 8 个月。但是整个熊市周期与前一个上升周期相比，由于有资金的净流出，时间周期比例会出现倍数差距。根据中国股市有指数统计以来的数据，对于月线级别的牛市行情，最短调整时间还没有少于 16 个月的。6124 点下来的第一波调整，虽然只有 13 个月，但那只是 A 浪下跌，在经过 8 个月的 B 浪反弹之后，又经历了长达 48 个月的 C 浪调整。在中国股市，有“牛短熊长”的特点，即上升趋势持续的时间要短于随后调整的时间。这是因为，上升趋势的形成需要两个条件：一是要将上一次牛市形成的头重脚轻的筹码分布演变为下方的能量堆积，这通常需要较长的转化时间；二是上升趋势形成的自我强化机制需要源源不断的新资金流入，这需要有新生代投资者的产生，而这个新生代的培育过程需要经济的发展和时间的积累。中国股市自创立以来，每一次牛市持续的时间和后面的调整期都有逐步延长的趋势，这一方面有流通市值不断增长（市场随 IPO 不断扩容和全流通覆盖面扩大）的原因，另一方面也有经济增速逐渐放缓的因素，有了这个基本的估计之后，我们对每一次牛市的持续时间和熊市底部的到来都需要保持足够的耐心。

这样说来，当月线级别的上升行情结束以后，我们对随后到来的调整行情要有足够的心理准备，在系统没有给出确定性的反转信号之前，不宜对少于16个月的低点抱有反转的希望。同样的道理，在一个长期调整结束以后，比如沪股从6124点向下调整了68个月，在底部确认后，我们至少可以希望有多长时间的上升行情呢？按照最低时间量度原则，至少应该是前期调整时间的三分之一。事实上，随后的上升运行了24个月的时间。也就是说，在这一轮牛市中，我们对低于21个月的上升行情不做转折的考虑。

四、最低势能原则

对于上升趋势来说，最低势能原则表现为主升段上升趋势的轨道倾斜角不能小于45度，如果我们预测趋势还会延续，其前提条件是，主升段的上升倾斜角必须保持在45度之上。低于45度的上升，表明资金流入的速度不足以维持自我强化的机制，如图7–3所示。

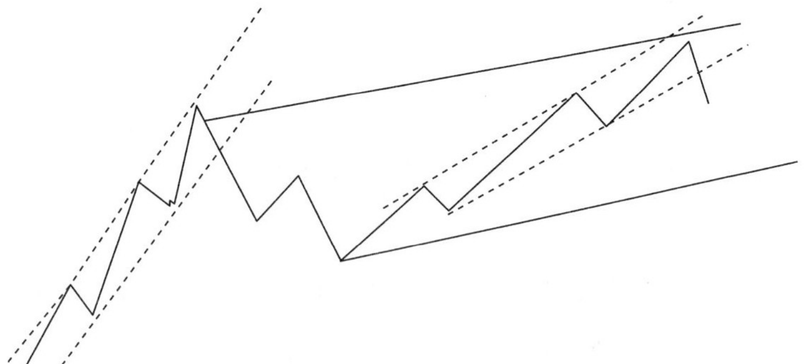

图7–3

事实上，当第一组上升比较迅猛时，第二组上升的倾斜角可以小于第一组上升的倾斜角，并且依然可以产生第三组上行，但如果上升倾斜角低于45度，就要考虑其他的可能了。在下跌趋势中，向上突破高点连线的角度如果大于30度，还不能确定是反转行情的到来，因为大于30度角的下降趋势，很可能无法完成上升趋势所要求的能量积蓄和充分的换手率。

五、最低量能原则

对于重要阻力位，向上突破的最大单日成交量至少要放大到阻力位最大单日成交量之上，否则就有可能是假突破。对于一个下跌趋势的逆转来说，相对应的上升过程，其成交量要大于下跌趋势中的成交量总和。对于一个不断扩容的市场来说，还要加上扩容的增量。这个原则的意义在于，上升趋势是由增量资金推动的，在一个向下的能量没有被增量资金全部对冲掉之前，是不可能形成上升趋势的。在上升趋势中，如果是以每天的交易量来计算的话，一根阳线的成交量与前一个交易日的成交量相比，其增长至少要与上涨的幅度保持一致，保持这样的价量关系，上升趋势才可以持续。如果指数上升了，成交量反而减少，或者是成交量明显放大，指数的涨幅却不成比例地缩小，同时伴随通道内变轨或通道外变轨以及动力指标的背驰，就要警惕转折点的到来。

六、最低级次差别原则

假如一个次级波动的幅度超过了500个点，比它更大一个级次的波动幅度应该至少是它的两倍，即 1000 点以上，且花费的时间至少应该是它的三倍。这个原则的应用价值在于，当你确定一个中级上升趋势已经开始，在它还没有达到前一个次级波动的两倍以上波幅的情况下，就不用考虑卖出你的股票。同样的道理，当一个上升趋势运行中出现了一个次级调整，你就可以大致推导出，下一个中级调整最小的量度跌幅，并且推导出这个跌幅是否会跌破重要的趋势线下轨，或重要的支撑点位。如果你推导出来的结果并不乐观，在接下来的上升过程中，你就需要提高警惕，随时准备撤离战场，并且在随后的下跌中，不达到最低量度跌幅的位置，就绝不抄底。

最低限度原则为我们提供一个市场波动的基本框架和分类标准，借助这个框架和标准，我们可以对股价的运行状态进行“格式化”处理，通过分门别类迅速缩小选择的范围，将注意力集中在最主要的“嫌疑人”身上。

7.2 不可能原则

运用传统技术分析方法预测股市，在任何一个时间节点，都存在着多种演化路径，而且每一种路径都有不同程度的实现可能，如果将所有这些可能一一兼顾，几乎无法做出判断，股市投资就变成了赌运气的冒险。这样一来，技术分析的实用性就会大打折扣。为了避免这种多重选择的尴尬，需要我们运用类似逻辑推理中的排除法，将许多不能成立的假设从选择范围中筛选出去，这就是所谓的“不可能原则”。该原则是指关于股价未来演变的假设与当前走势不可能同时兼容的情况。在传统技术分析中，最著名的不可能原则，就是波浪理论中的三大铁律，即：

铁律一，第 4 浪不能和第 1 浪的浪顶重叠。在图 7–4 中我们看到，假定的第 4 浪明显与第 1 浪的浪顶重叠，这在波浪理论中被认定是不可能出现的情况，除了楔形以外。

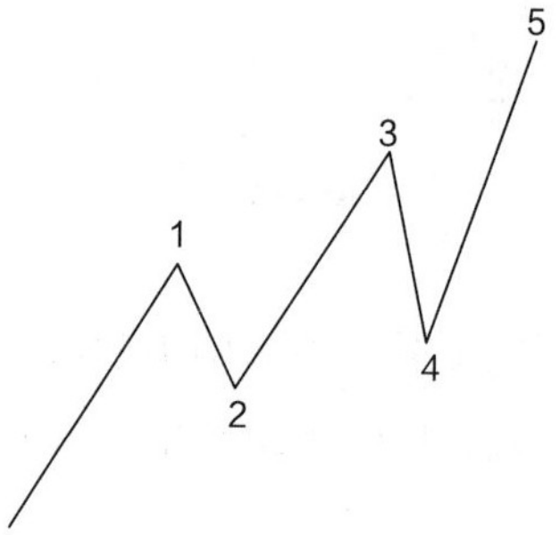

图 7–4

铁律二，第 3 浪不可能是最短的一浪。图 7–5 中，第 3 波是整个推动波上升中最短的一波，也违背了波浪理论的不可能原则。

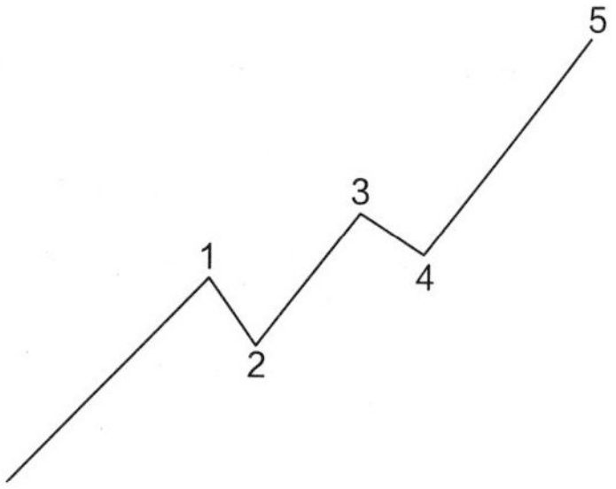

图 7–5

铁律三，如果第 2 浪回调 100%，则不可能出现失败的第 5 浪。图 7–6 的走势是不可能发生的。

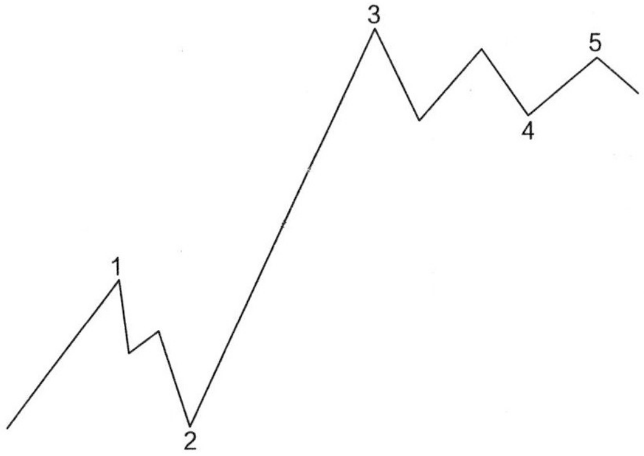

图 7–6

换句话说，如果我们假定第 2 浪回调 100%，那么第 5 浪就一定会创新高，并且完成其量度升幅，即第 5 浪为第 1+3 浪升幅的 0.618 倍（从第 4 浪的浪底开始算起）。

但是，根据笔者个人的观察，这三大铁律在应用的时候，依然有许多困惑无法摆脱，因为在排除了某一种可能，比如，用“第 3 浪不可能是最短的一浪”这一原则排除了某一个波动不是第 3 浪，但后面的走势是什么，我们还是难以理出头绪。况且，这个原则在运用的时候，是要等到形态走出来之后再做判断，比如“第 3 浪不可能是最短的一浪”，需要等待假定的第 5 浪出现之后，才能做出比较，这样一来，结论明显滞后于走势。用趋势判断法重新审视波浪理论的三大铁律，笔者发现，这三大铁律要解决的是同一个问题，即第 3 低点的性质判断，如图 7–7 所示。

当股价运行到第 3 低点的位置时，波浪理论的三大铁律试图解答图中的三个问题：第一，第 3 低点是否和第 1 高点重叠；第二，第 3 低点之前的一波是否是最短的一波；第三，第 3 低点之后的一波是否没有创

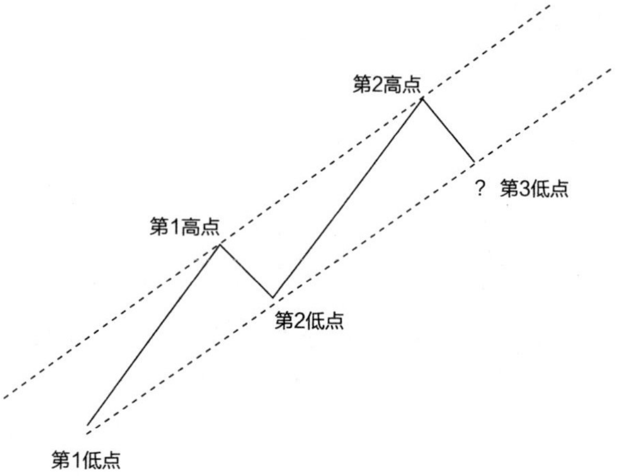

图 7–7

新高。其实，用趋势通道的画法，第 3 低点的性质问题就可以迎刃而解，无须纠缠似是而非的数浪方式，并且方法简单实用，一目了然。用趋势通道的画法，取第 1 高点和第 2 高点的连线作为基准线，通过第 2 低点画与之相平行的直线，得出上升趋势的轨道线。只要第 3 低点没有跌破通道下轨，不管是什么浪形，都可以认定趋势没有结束。这么说，并不是否定波浪理论三大铁律的有效性，三大铁律的主要作用，是在形态完成之后，用来确认过往的走势，从而为我们提供一个判断未来的支点。根据笔者的经验，在股市趋势判断的推理中具有前瞻性的不可能原则，有以下几条：

一、主升段不可能走收敛形态

从能量传输的角度，第 2 组上升（或下跌）应该是方向明确后的主升段（或主跌段），形态上表现为在平行轨道内的一组推动波。如果在我们假定的主升浪阶段，出现了轨道向中间收敛的形态，那就要考虑其他的可能了，如图 7–8 所示。

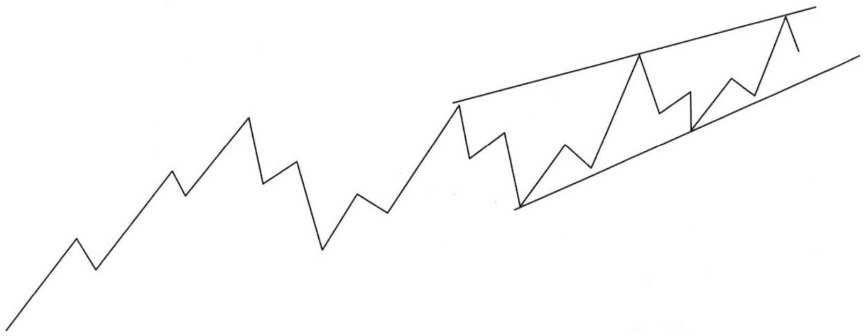

图 7–8

如果走出图 7–8 这样的图形，就要考虑是 B 浪或 X 浪反弹的 C 波，而不能将之判定为主升的第 3 浪，因为向中间收敛的图形表明能量传递的过程出现阻滞，不可能维持趋势性上升。反过来的下跌过程也是如此，在第 2 组下跌出现收敛形态时，就要考虑下跌趋势结束的可能性。

二、当任何一组调整波出现强势整理的时候，随后的波动不可能走出失败形态

我们知道，调整形态通常都会与前面的趋势运行形成一定的比例关系。如果调整走的是强势整理，比如在上升趋势中，只回调了前面涨幅的 0.236 或 0.382，就继续新一轮的上攻，后面的走势应该十分强劲，不可能走出失败形态。图 7–9 是 2013 年股市见底以后的走势。

如图 7–9 所示，沪股从 1849 点见底上攻，经过一个强势的第 4 浪调

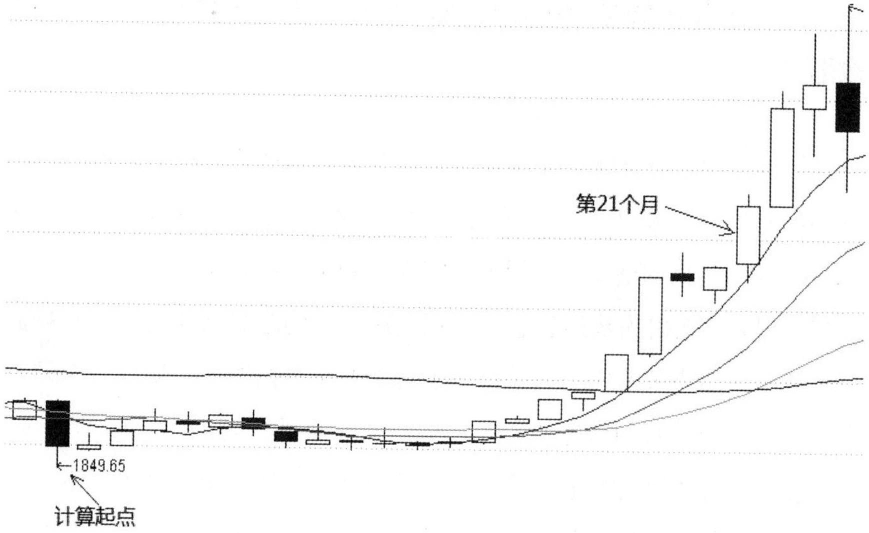

图 7–9

整，回调幅度只有第 3 浪的 0.236，在第 5 浪开始的时候，正好面临一个月线时间节点，即从 1849 点开始算起，大盘运行了 21 个月，同时周线的技术指标发生超买和背驰，很多市场分析师开始预测大盘的顶部。其实，用股市的趋势原则进行推理，就可以得出确定性的结论。推理过程是这样的：如果在这个位置见顶，意味着大盘在强势整理之后，出现失败的形态，并且没有达到第 5 浪应有的量度升幅（即 1+3 的 0.618 倍）。然而，大盘的强势整理说明资金净流入的速度加快，后续资金充沛，这种增量资金净流入的态势不可能在短时间内逆转，因此可以得出结论，大盘不会在 4000 点的位置见顶，也就是说，至少我们可以期望下一个月线时间周期的节点，即在第 24 个月的时候，如果形态、势能、量能等指标发出卖出信号，再考虑趋势转折的可能。

三、上升趋势走出失败形态，后面的调整走势不可能也走失败形态

如果在我们的分析中，假定一组波动为失败的第 5 浪，即第 5 浪没有创出新高就出现回落，却预测随后的下跌将走出强势调整，只达到 0.236 或 0.382 就调整完毕。用不可能性原则来判断，这个预测是不能成立的。因为，走出失败形态意味着资金净流入的趋势已经终止，并被资金净流出的趋势所取代，这个过程不可能在短期内改变。同样，如果假定一组调整为没有创新低的 C 浪，即 C 浪结束的位置高于 A 浪的浪底。那么按照不可能原则推论，随后的反弹应该会超越 B 浪的高点，不管后面跟随的是什么走势。图 7–10 是沪指在 1849 点完成未创新低的 C 浪之后，出现的上升趋势。

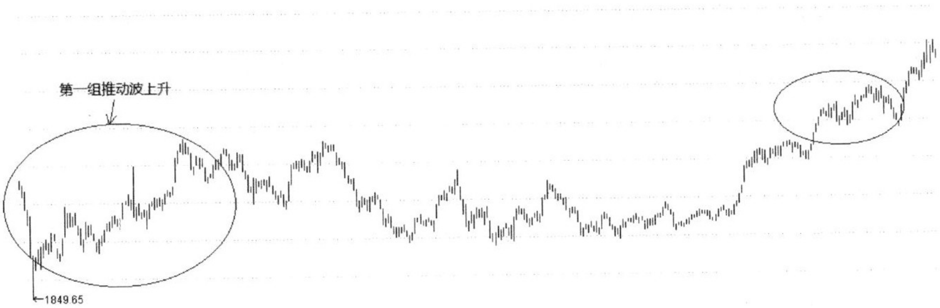

图 7–10

沪指 1849 点的 C 浪结束位置，明显比 1664 点 A 浪的结束位置要高。在随后的上升过程中，我们至少不应该在第二个椭圆形标出的区域就认为行情已经结束。因为它不符合波动的不可能原则。这背后的逻辑是，C 浪走出失败形态，意味着资金净流出的过程在股价没有创新低的情况

已经出现了逆转，即使是按照资金的自然增长和存量资金的波动上限，后面最保守估计的箱形边界，也至少要超越 C 浪的起始点，也就是 B 浪的高点 3478 点。而超越 3478 点之后，大盘上方已经没有明显的阻力位，投资者的心态会随之发生根本的变化，从而形成更为乐观的市场预期。

四、X 浪之后，不可能只走一组下跌形态

如果我们确定一波反弹（在熊市中）是 X 浪的过渡形态，那么，跟随其后的一定是另一组 A–B–C，而不可能是大 C 浪。这意味着，在 X 浪之后，是一组 3 波结构的调整，而不是一个 5 波的推动浪下跌。见图 7–11。

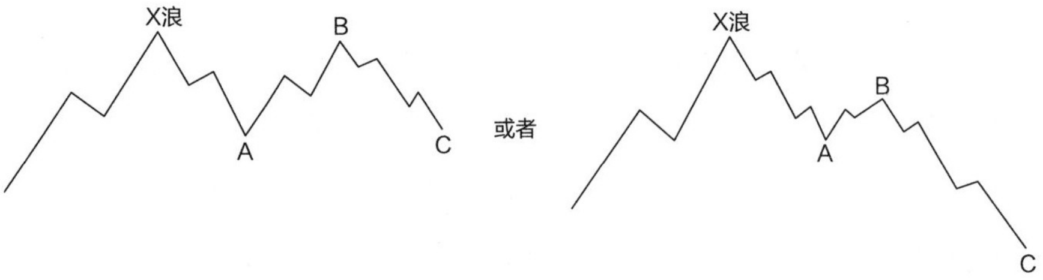

图 7–11

X 浪之后，紧随其后的应该是 3–3–5 或 5–3–5 的调整结构，不可能原则告诉我们，不能假定在 X 浪之后，只走一组推动浪下跌就完成调整。

五、在 B 浪之后，不可能出现三波调整

与 X 浪不同的是，如果我们假定一组反弹为 B 浪时，随后的调整就应该仅仅是一组推动式下跌，即使走相互重叠的楔形，也要走完 5 浪结构，见图 7–12。

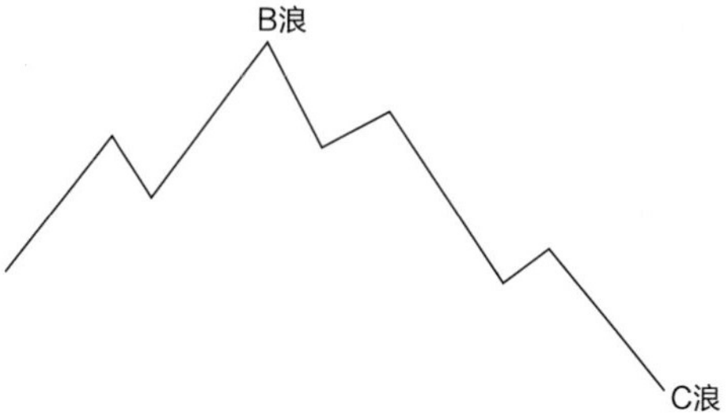

图 7–12

比较图 7–11 和图 7–12 我们可以看出两者的区别。如果假定的 B 浪之后，走出 3 波调整结构，只能说明 B 浪还没有走完，这个 3 波调整要么是 X 浪过渡，之后再走一组 B 浪反弹，要么是属于 B 浪（平台形或三角形）的一个次级波动。有的读者会问，如何区别 X 浪和 B 浪呢？从形态上说，X 浪和 B 浪具有相同的结构，都可以是之字形、平台形和三角形，也可以是二重三和三重三的组合形态。它们只在一种情况下会出现重叠的可能，即前面的调整走出三波结构，随后的反弹已经突破最高点和次高点的连线，这时候就需要判断这波反弹是 B 浪还是 X 浪，如果是 B 浪，意味着调整将走平台形，其反弹高度，会和 A 浪平齐，甚至超过 A 浪的起始点（扩张型平台或加强型平台）。而 X 浪仅仅是任意的三波反弹，不仅不可能达到与 A 浪平齐的程度，有时候连 A 浪 0.382 的幅度都无法达到。这里还需要提请读者注意的是，如果前面的调整走 5 波推动结构，后面跟随的肯定是 B 浪（不管是哪一个级次），而不可能是 X 浪。这样一来，需要鉴别 B 浪和 X 浪的空间就大大缩小了。图 7–13 所示的是一个实战的 X 浪案例。

在图 7–13 中，由椭圆形圈定的区域是什么性质的波动呢？首先，这个波动已经突破了第 1 组 3 波调整的下降轨，可以排除是第 4 浪反弹的可能（因为不在同一组下跌趋势内）。那么，是 B 浪反弹吗？由于反弹并

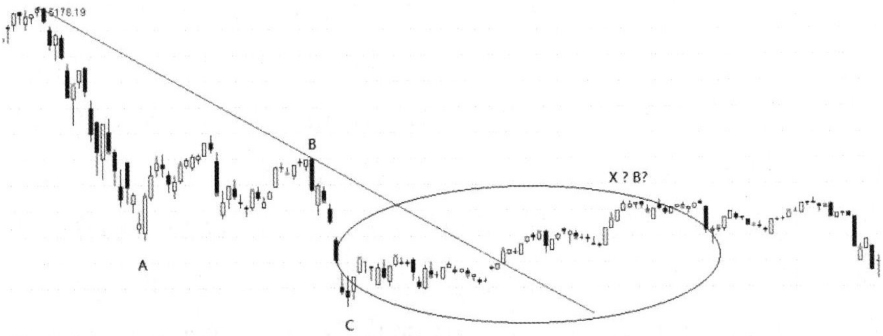

图 7–13

没有达到 A 浪的起始点，甚至没有达到前期下跌幅度的 0.382，也可以排除是 B 浪走势。于是，此波反弹的唯一可能就是 X 浪过渡，X 浪后面将跟随另一组 A–B–C。见图中分别用 A、B、C 所标示的点。有了这样一种预判，我们就会对后来的变化了然于胸了。

不可能原则可以帮助我们迅速排除其他“清白的嫌疑人”，将目光锁定在“真凶”身上。

7.3　趋势推理的应用

为了便于读者掌握趋势判断的推理方法，笔者用几个实战的案例来进行推理演示。

假定我们根据五维判断的测市系统，发现了一个下降趋势的转折点，并且买入了股票，这时我们马上要回答的一个问题：我们可以持股多长时间？这个问题之所以重要，是因为一个成功的操作，是由一个好的买点和一个好的卖点构成的。很多投资者有时候也会抄到股市的底部，但经常是赚了一点小钱就跑路，放过了后面的大行情。为了避免重复这样的错误，在入市之前，就必须对转折点之后的波动级次做一个预判。所谓趋势级次的判断，就是对随后的上涨或下跌的时间和幅度的预估，这个预估的重要性不言而喻，假如我们没有对上升趋势波动级次的基本认知，就会被股市的随机波动所困扰，整日生活在忐忑不安之中，买入怕被套牢，卖出又怕踩空，盈利了又怕回撤，套住了又不知道是否该止损。我们还是用大家比较熟悉的 2013 年沪指在 1849 点见底后的走势来加以说明，见图 7–14。

图 7–14

这是沪股在 2013 年 6 月见 1849 点时的图形，从 6124 点下跌，历时 68 个月（34×2），形态上走出清晰的 A–B–C 图形，1849 点正好落在楔形 C 浪的底边，且量能背驰，1849 附近的成交量明显大于之前次低点的成交量，下跌的趋势平缓，楔形顶边和底边的倾斜角都低于 20 度。这样一来，时间、形态、位置、势能和量能各项指标都同时发出了转折信号。假如你在这个底部的第一个转折点买入了股票，你预期股价的上升至少是一个什么级别呢？或者换句话说，你准备做短线、中线还是长线持股呢？

我们看到，大盘在这个位置出现转折，是对前面历时68个月的之字形调整（第二个低点没有创新低）所做的修正，仅仅从形态上判断，未来的演化空间无非是这样三种可能：第一，新牛市的起点；第二，大B浪之c，这种假设是将楔形调整看成是B浪之b，走三重三，后面走一个5波上攻的B浪之c；第三，大X浪过渡，然后再走一组A-B-C调整。在这三种可能中，最悲观的是第三种可能，但由于历时68个月的楔形并没有创新低，走大X浪的可能性已经可以排除，因为X浪是在下跌动能没有完全释放的情况下，通过一个任意三波的反弹，再次向下进行能量传递的过程。而前面C浪没有创新低的楔形走势，说明下跌动能已经枯竭，只要出现对应的修正走势，就会超越3478点的B浪高点，这样一来，X浪出现的概率已经基本下降为零。即使我们保留X浪的可能，后面的A-B-C调整，也没有创新低的动能。所以，我们完全可以不去考虑这个选项。剩下的选择就只有两种：一波新牛市的起点；或者是大B浪之c。从波动级次上推论，不管未来股市出现哪一种演变，其对应68个月或55个月（从1649点算起）的调整，都会出现不少于21个月（按照波动周期的最低限度对应原则）的跨年度上升行情，且波动幅度至少将超越3478的B浪高点。由于超越3478点之后，沪指在5000点之前没有重要的阻力位。因此，在这个转折点买入股票，投资者就要做好做长线持股的准备，所有的投资策略也都要围绕这个基本的判断来制定。有了这样一种测市的方法，我们至少不会在随之而来的大牛市中犹豫彷徨，过早地卖出手中的持股，也不会被上升过程中的短期波动搞得心绪不宁。在上升通道保持良好，且时间周期没有达到21个月以上的时间节点，就不用考虑卖出股票的问题，剩下的事情就是判断哪一类的股票会在这波跨年度的行情中表现得更出色了。事实上，沪指从1849点运行了

24（3×8）个月，从1849点上涨到5178点。在上升到5000点上方时，股市大盘又给我们提供了一个见顶回落的良好案例。

在沪指从4000点的平台向5000点发起冲击的过程中，最后一组上攻出现了我们所说的跌破上升通道后的“反贴”走势，并且同时发生结构变形，出现了向中间收敛的转折形态。这时，沪指从1849的启动点算起已经走过24个月的时间，面临着月线周期的时间节点；从最后一组推动浪的起点算起的也到了第16（8×2）周，周线周期与月线周期重叠；再从收敛形态的起始点算起的第26个交易日，日线周期又与月线和周线周期重叠，长、中、短时间节点发生共振。股指在中期通道的下轨和短期通道的上轨的交叉点受阻回落，量能和动力指标同时发生背驰。大盘发出了明确的转折信号。紧随其后的问题是，这个转折点后面的调整属于哪一个级次？作为中长线投资者来说，这个调整是否可以忽略不计并继续持股呢？这就需要我们再做一个趋势运行的逻辑推理，预判未来市场会出现哪一个级别的调整，见图7–15。

在图7–15中，我们看到，最后一波上攻出现了通道外变轨，即回调跌出了原有上升通道的下轨，且出现了我们称之为收敛形的转折形态，第4小浪（见图中椭圆形圈出的位置）的回调幅度达到555点（从4986点跌至4431点），按照最低级次差别原则（指不同级次的趋势运行，所用的时间、量幅都有倍数上的差距，这个原则笔者在本章第一节有过介绍），在转折点后面的调整，至少应该是千点以上的波动级次，但如果从5178点下跌1000点，就会将本轮上升趋势的下轨击穿，这意味着这个调整是相对于本轮24个月上升行情的调整。很多朋友在股价随后的第一轮暴跌之后问笔者，调整是否已经结束？我的回答是，本轮调整的级次至少是相对于24个月上升的调整，不可能在十几个交易日结束。即使按照最乐观的

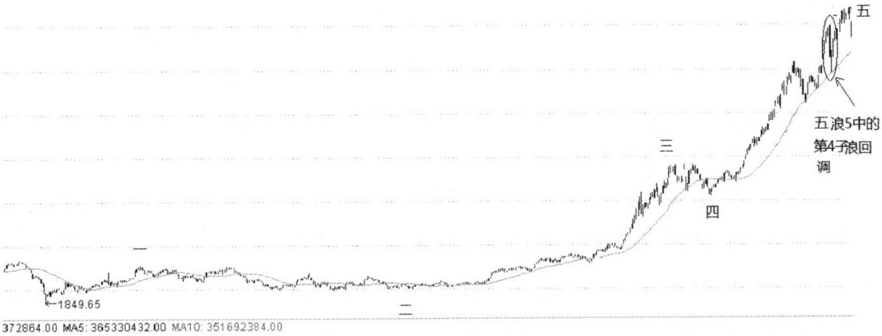

图 7–15

估计，调整时间也不会少于 16 个月的时间。虽然沪指从 5178 点开始的调整在第 8 个月见阶段性低点，并且在随后的调整中都没有打破这一低点，其实这只是救市资金入市的结果。反观较少人为干预的创业板，在调整的第 24 个月依然创出新低，说明“市场底”的形成，是有时间周期规律的。

这种对于趋势级次的逻辑推理也可以应用到较小级别的波动中。比如 2015 年下半年，股市经过两轮暴跌，在 2850 点至 3000 点之间窄幅整理，随后突破自 5178 点至 4006 点（图 7–16 中 M 点的位置）之间的连线：

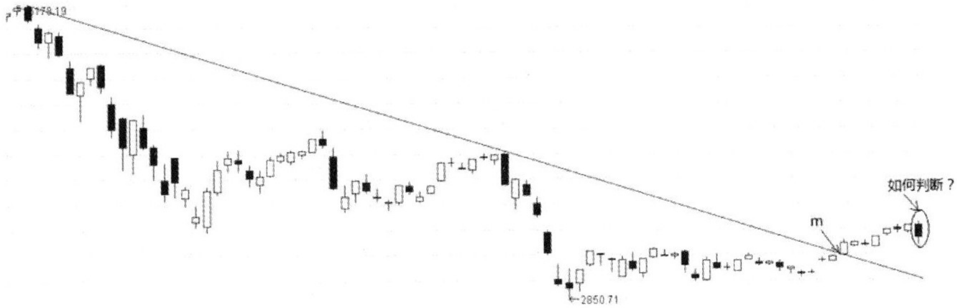

图 7–16

突破两个高点的连线，虽然并不意味着反转行情出现，但至少是对 5178 点下跌以来调整行情的修正，所以，反弹的级次不可能是本轮调整趋势内的次级反弹，而是一个更大级别的修正。这个判断具有实用价值，因为在这次反弹中，有一个单日的放量下跌，这次下跌正逢从次低点上涨以来的第21个交易日，并且触及60天移动平均线。在这一天的下跌中，至少有600支以上的股票跌停。那么，问题就来了，这是否说明反弹已经结束了？我们运用波动级次的推理方法可以证明，这不过是上升过程中的一个中期形态。因为，突破两个高点的连线，已经排除了第4浪下跌的可能（因为已经超出了同一组下跌的趋势线上轨）。反弹幅度连0.236都没有达到，达不到B浪的波动级别，因而B浪反弹假设也不能成立。那么，是否是X浪呢？这种可能性比较大，如果X浪从2850的最低点算起，大盘并没有出现完整的3波反弹形态，也就是说，即便是X浪，也没有走完；如果将2983的次低点看成是C波失败的第5浪，X浪从2983点算起，依据不可能原则（失败形态后面不可能跟随反向的失败形态），X浪也不可能在这个位置结束。同时，从趋势判断的角度，大盘单日的暴跌并没有破坏自2850点反弹以来的上升通道，且分时图中的第一组下跌走势并不是推动波的浪形，而是一个3波调整形态，尾市的反弹已经和第一波低点重叠（波浪理论的铁律之一——第4浪不能和第1浪的浪底重叠）。所以，应该判定反弹并没有结束。果然，经过一个平台形加之字形的调整之后，大盘又再次上涨。

以上的推理只是笔者做的一个案例说明，读者朋友可以在日常交易中尝试着举一反三，做一些推理练习。投资是一个长期的博弈过程，一两次的成功说明不了任何问题，长期稳定的盈利模式，必须具有理性的基础。对趋势运行进行逻辑推理，需要投资者对各种判断标准了然于心，通过一段时间的积累，逐步养成趋势推理的习惯，对于市场中出现的变化就不会总是感到茫然了。

Chapter 8

“知行合一”的境界

——买卖点的选择

在前面各章中，笔者主要介绍了趋势形成的机制，以及对趋势运行进行判断的标准。到目前为止，我们的讨论还停留在“坐而论道”的层面，并没有回答投资者在实际操作中经常面临的问题。例如，什么位置可以试探性建仓，什么时候必须倾全力出击，什么时候可以加杠杆操作，什么时候需要减磅，什么时候应当清仓离场？我们知道，任何事业要取得成功，必须达到“知行合一”的境界，股票投资也是如此。预测股价走势仅仅是手段，判断正确与操作成功并不是一回事情。索罗斯曾经说过：“成功不取决于你是否看对了方向，而取决于在你看对方向时能赚多少钱。”当我们通过各种方法确定一种可能的趋势时，应该如何寻找切入点呢？买在一个好的位置是成功的起点，多数投资失败的原因在于，一开始入场的位置过于随意，等到发现判断错误时，已经没有了转身的余地，只能在接受巨大亏损的情况下离场。当然，选择了好的买点并不能保证投资成功，它仅仅是成功的开始。一个成功的交易，至少是由一个好的买点和一个好的卖点构成的。买到了最低点，只赚了点小钱就获利了结；或者捂着不卖，纸上富贵了一把，最后终点又回到起点，在将要亏损的时候卖出。这些都不能算是成功的投资。对于趋势投资者来说，最终要解决的问题是：在股价的趋势运行中如何选择买卖点的最佳位置与时机。

8.1 第一低点的买入策略

为了给读者朋友一个完整的印象，笔者需要从熊市结束的最低点开始说起。

在股票市场上，有“不买最低点，不卖最高点”的说法，也就是通常所说的“右侧交易策略”，即在趋势明确后再进行交易。而“逢低建仓，金字塔摊平”的方法，则可以理解为“左侧交易策略”。笔者的入市策略可以归纳为“折返点买入法”，即寻找趋势转折的共振点买入，并在趋势形成的确认点加仓。按照笔者的趋势测定法，下降趋势的终结位置是在资金量净流出的状态发生逆转的地方，在这个位置，股价的趋势运行一定会在形态、时间、势能、量能和位置这五维向量上有所表现。趋势买入法第一介入点，就是要在五维向量的共振点买入股票。

现在我们看一下长期低点转折的案例，如图 8–1 所示。

图中圈出的 6 个区域都是由熊转牛的趋势转折点，下面笔者将这几

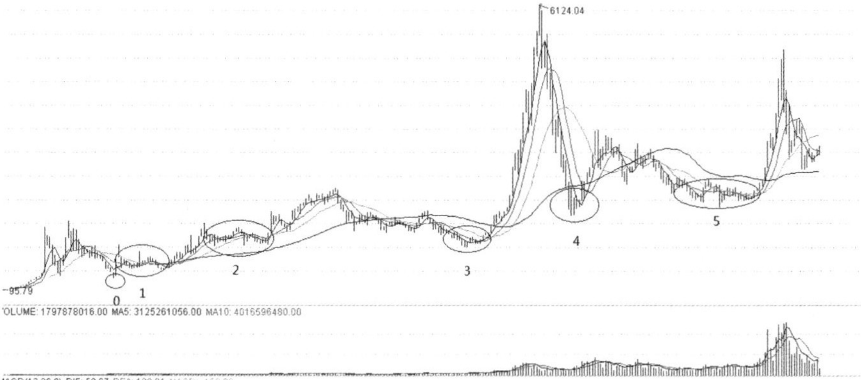

图 8–1

个点分别放大展示出来，用五维判断法加以分析，看看能不能找到最低点的买入机会。先看第一个椭圆形标示的 0 号区域，如图 8-2 所示。

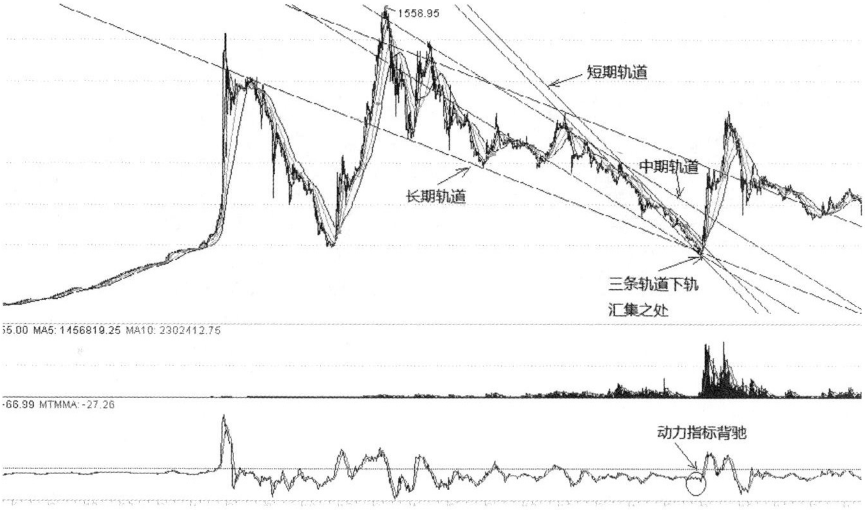

图 8-2

这是 A 股自有指数图形以来的第一次长时间调整。从时间周期来看，从左侧第一个高点开始计算，转折点出现在第 26（13 × 2）个月，如果从第二个高点开始计算则为第 17 个月（半数周期 34/2），最后一个次级波动的调整历时 55 个交易日。从形态上看，以第二个高点为计算起点，沪指走出了一个双重之字形，在双重之字形结束的位置，长期、中期、短期的通道下轨都汇集在 320 点到 350 点这个区间。当指数调整到该区域时，动力指标发生背驰（见图形下方椭圆区域所标示的指标状况）。成交量在下跌末端的最后几个交易日开始放大。我们看到，形态、时间（长、中、短）、位置、势能、量能，都发出买入信号，出现了五维共振。我们只需要找到在第 17 个月的第 55 个交易日，以及三条轨道的交汇处，就可以找到“转折点”的买入位置了。

再来看 1 号见底区域，如图 8-3 所示：

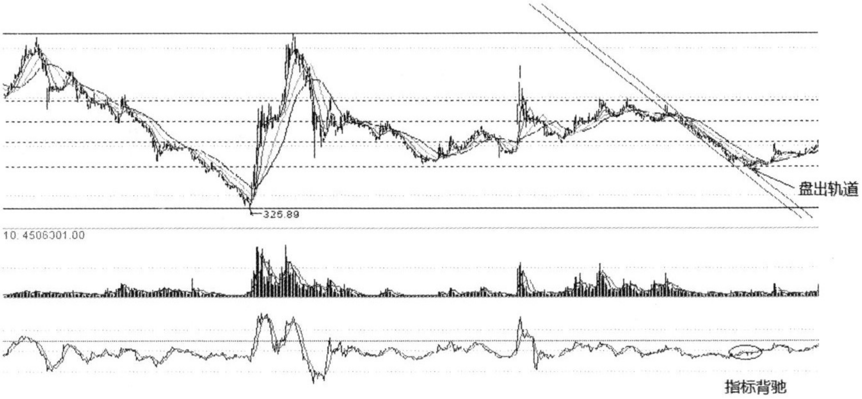

图 8-3

图 8-3 中的调整用了 16 个月的时间，形态上也是双重之字形，即 A-B-C-X-A-B-C。最后一组 C 浪下跌用了 89 个交易日，且最后一跌，已经完成趋势变轨，盘出了短期通道上轨之后，随后贴着上轨完成了最后一跌（即我们前面分析过的转折形态之一——“反贴”走势）。动力指标发生背驰。成交量也比左侧的低点略有放大。出现了完美的买入信号。我们可以在大盘第三次反贴回短期趋势线上轨的位置买入。

图 8-4 是 2 号见底区域的股价走势图。

图 8-4 所示的是 2 号调整形态，走势是典型的三角形，历时 24（3×8）个月，最后一跌用了 26（13×2）个交易日，并突破三角形的底边（这是三角形最后一跌的典型特征），然后迅速回到三角形的底边之上，开始新的上升趋势。这时动力指标和量能指标都发生背驰，股价下跌形态出现通道内变轨（即最后一跌的低点连线趋于平缓，偏离了下轨

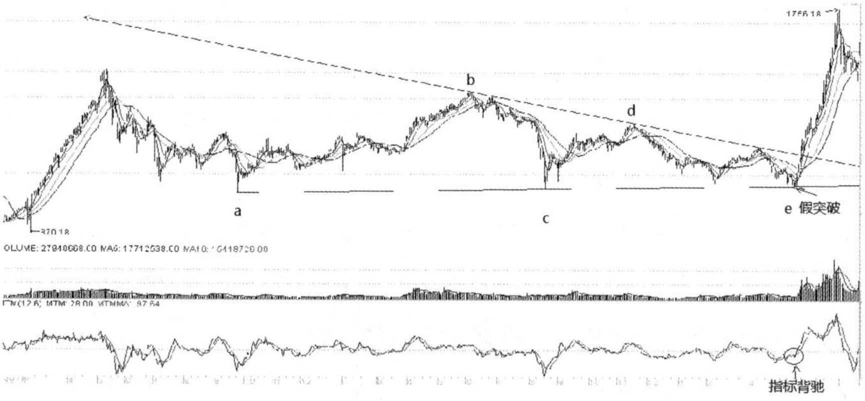

图 8–4

的位置），各项指标同时共振。这时的买点出现在大盘重返三角形底边的那一时刻，因为这种突破后的返回，说明调整已经结束，大盘将重新开始新一轮上攻。

图 8–5 是 3 号调整区域的走势图形。

图 8–5 显示沪指从 2245 点开始的调整，调整到最低点历时 48（6×8）个月，调整到次低点（失败第 5 浪结束的位置）历时 55 个月，形态上形

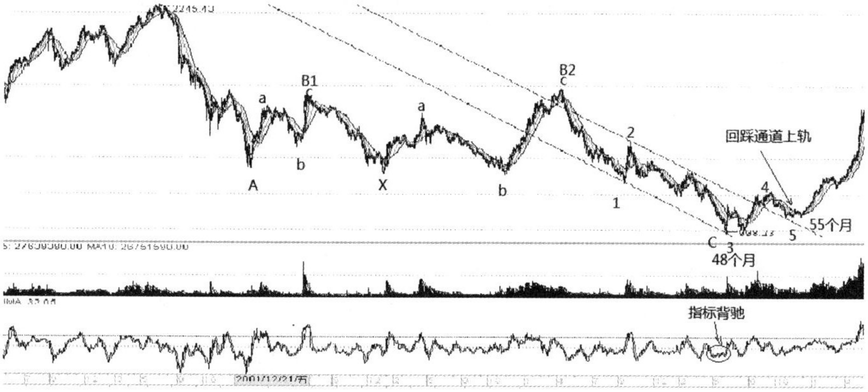

图 8–5

成了 A-B-C 的之字形调整，其中 B 浪走了双重三的复杂形态，中间的 X 浪过渡走了一个比较罕见的 7 波调整。C 浪中的第 3 小浪触及通道下轨的时间是第 32（8×4）个交易日。4 小浪反弹就已经突破了下降通道的上轨，第 5 波下跌仅仅是回踩了通道的上轨（反贴走势），最后一跌用时 16（8×2）个交易日。动力指标和量能指标也都发生背驰。试探性的买入点可以选在第 48 个月大盘触及下降通道下轨的位置，稳健的买入点可以选在第 55 个月大盘回踩下降通道上轨的位置。

4 号区域是在 2013 年发生的，相信大多数投资者都比较熟悉，如图 8-6 所示。

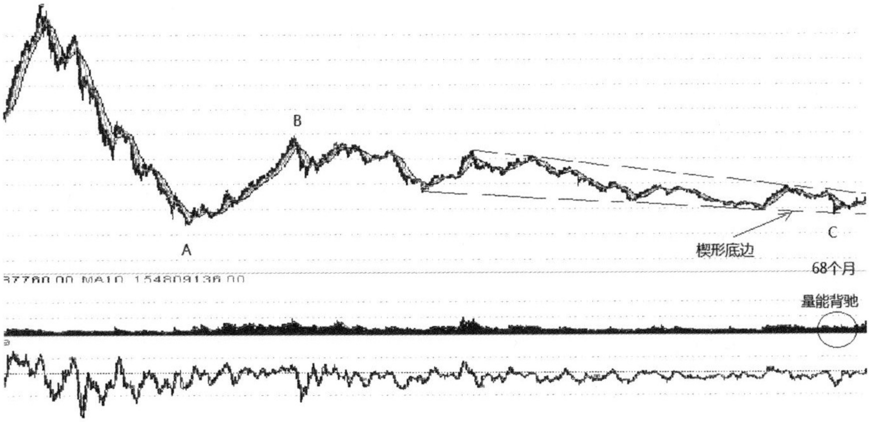

图 8-6

4 号调整历时 68（34×2，从 6214 点算起）个月，经历了一个大级次的 A-B-C 调整。因为有 4 万亿救市资金的注入，C 浪没有创新低，并且走出了一个标准的下降楔形，最后一跌正好打在楔形的底边。量能指标明显背驰。这里唯一没有发出信号的只有势能指标，这是由于在货币市场出现“钱荒”（表现为同业拆借利率大幅飙升）的情况下，央行坚持不放松货币引发了市场的最后一轮急跌。有些测市系统，将技术指标背驰作为唯一的测量标准，在这种情况下很容易做出误判。根据趋势判断法，这个区域的第一买入点可以选在第68个月最后一跌第16（8×2）个交易日，正好打到楔形底边的位置。

当然，这些“第一低点”回过头来看，都具有十分的确定性，但在它们出现之前，投资者需要做一系列的综合判断。首先是从形态上看有几种可能，然后根据月线周期确定哪一种可能与其相配合，再用画轨道线的方式找到下降通道下轨和哪一道支撑线相互交汇，同时从最后一个下跌波动的起点，开始计算日线周期。当形态、时间、位置都全部到位，再观察量能和动能指标是否出现背驰，以进一步确认。当五维向量发出共振的时候，就要在转折点的位置坚决买入，并在确认信号出现时（比如指数在没有触及下轨的情况下逼近上轨，或突破上轨后又反贴回上轨时），就可以重仓出击或者适量融资进行杠杆操作。

8.2 第二低点的买入策略

在趋势的转折点买入当然是最佳选择，如果由于各种原因错过了第一低点的买入机会，也没有关系，因为除非有重大利好出现，从第一低点开始的上升都注定是非常反复的，而且回调的幅度也会很大。所以，选择在第二低点买入也是一个不错的选择。按照笔者个人的体会，第二低点的确定性买入机会，其实是在第一低点确认是底部的前提下才能成立，在大多数情况下，从最低点启动的第一组上升，如果突破下降轨道或者形成推动波上升，已经大体可以得出确定性的结论。但在第一低点不能确认是转折点的情况下，第二低点的买入机会就需要增加风险系数的考虑（见第九章有关“风险计算”的内容）。所以，当我们由于各种原因错过了第一低点的买入机会时，首先要做的事情还是确定第一低点是趋势转折点还是反弹的折返点。在确认第一低点是趋势转折点的前提下，剩下的问题就是如何确定第二低点的回调幅度了。传统技术分析通常是按照黄金分割位来确定第二低点的回调幅度。但第二低点对应的黄金分割位有很多，比如0.382、0.5、0.618、0.764、0.819，甚至会回吐第一波反弹100%升幅，形成双底的情况也时有发生。那么，这是否意味着第二低点买入仅仅是一个碰运气的事件呢？

事实上，第二低点的位置也是有规律可循的，投资者首先要考察的是第一组反弹与原有下降通道的关系，看第一组反弹是否突破了原有下降通道的下轨，或者在反弹前是否发生了通道内或通道外的变轨。然后再看哪一个黄金分割位与原有下降通道的位置发生重合。当第一组上攻突破下降通道的上轨时，第二低点的回调通常会回踩上轨，并且与黄金分割位重叠。图8-7是沪指在2005年6月见底以后，第二低点出现的情况。

这个案例我们在第四章曾经列举过，这个图形的参考意义在于，沪指在底部出现了一大一小两个第二低点，见图中的标示。2005年6月，当大盘在998点下降通道的下轨处见第一低点之后，经过第一个小反弹之后，突破短期下降通道的上轨，并在上轨处完成第二次探底。随后的上攻突破了中期下降轨道的上轨，随后开始回调整理，大级次的第二低点又在中期下降通道的上轨处获得支撑，回踩位置与0.618的黄金分割位重叠。形态上走出明晰的两组a-b-c调整，第二组a-b-c没有再创新

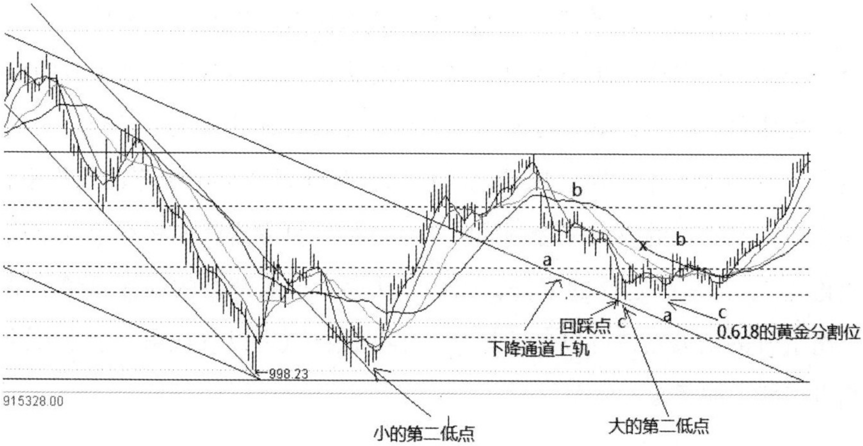

图 8–7

低。另外，走出第二低点所用的时间一般都会与前面的推动波上升形成相对应的比例关系。比如一组上升用了 13 个交易日，回调的时间最低限度不会少于 5 个交易日。有时候，形成第二低点的调整时间会多于前面一组上升波段所用的时间。比如第一组反弹用时 5 个交易日，随后的调整用时 8 个交易日，等等。我们还是以图 8–7 为例来加以说明。沪指在最低点 998 点开始的反弹，在第 26 个交易日回踩短期通道的上轨，形成小的第二低点；而第一组大的反弹用了 3 个月的时间，回调整理用了 2 个月的时间，在第 5 个交易月完成蓄势过程，并在第 24 个交易日完成第一组 a–b–c 调整，整好回踩 0.618 的黄金分割位，并与中期下降通道的上轨重合。第二组 a–b–c 历时 26（13 × 2）个交易日，且始终都在 0.618 的黄金分割位之上获得支撑。时间周期与形态、位置、势能、量能完美契合，构成了两次第二低点的买入机会。

如果我们对第一个低点的转折意义不太确定，那么，第二个低点的买入策略就要注意风险控制。因为第二个低点的买入的止损位只能设定在第一个低点之下，即使是在 0.618 的位置买入，跌破第一个低点，也有一个并不能忽视的止损空间。如果全仓买入，一旦对第一波上升的推动浪性质判断失误，就有可能不得不在有较大亏损的情况下斩仓。为了避免这种情况发生，在运用其他向量综合判断以减少不确定的前提下，还要以控制仓位的方式来控制风险（具体的计算方式我们将在第九章加以论述）。随着确定性的上升，比如，从第二低点开始的反弹超越了第一组上升的结束点，可以考虑加仓。第一止损点可以放在第一组上升的高点位置，如图 8–8 所示。

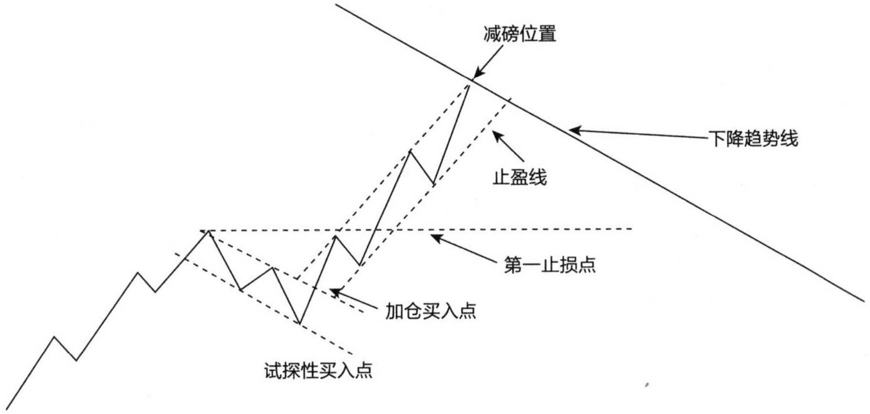

图 8–8

图 8–8 是在不确定条件下第二低点的买入策略，以及随后的止损、止盈和减磅与离场的位置。下一节我们将介绍，随着行情的演进，投资者的策略应该如何调整。

8.3 第三低点的买入策略

所谓“第三低点”，就是在经过两组上升推动波之后，调整下来获得支撑的位置，如图 8–9 所示。

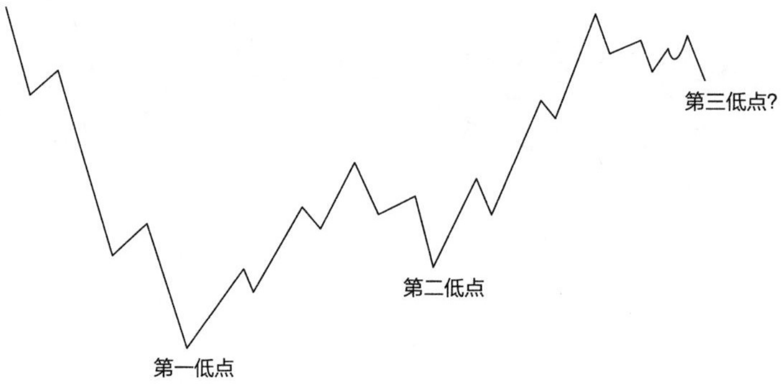

图 8–9

如果第二个低点依然错过，或者是在上涨的过程中卖出了股票，在接下来的市场运行中，是否还存在确定性的买入机会呢？回答是，存在着定义为“安全”的买入位置。之所以要加一个“安全”的限定，这是由第三低点的特性决定的。趋势运行的第三个低点在什么位置出现，决定了趋势能否延续。也就是说，第三低点在什么地方获得支撑，对于未来行情的演化具有指向性的意义。

假定股指在上升通道下轨的位置完成了调整的浪形，我们知道，第三个低点通常是波浪形态中第 4 浪的位置，按照纵深原则，第 4 浪的回调深度应该达到上一个次级子浪第 4 浪的浪底，且回调的幅度通常是第二组上升的 0.382 倍。如果这几个点正好与上升轨道的下轨重合，且与时间周期节点共振，那么，这个点位就应该是第三个买入或回补（如果在第二个高点减仓）的位置。如图 8–10 所示。

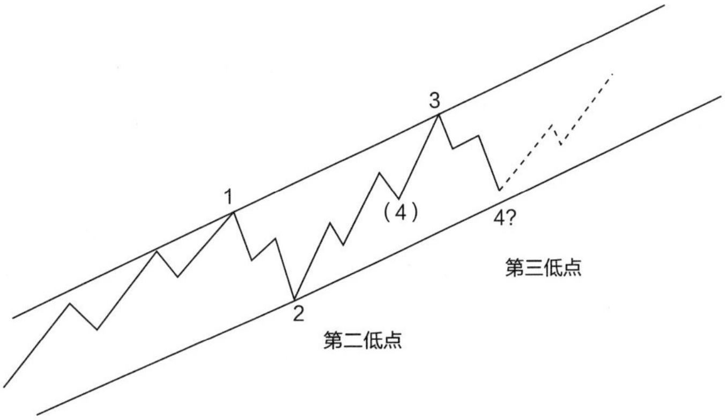

图 8–10

如果这个折返点支撑住股价并且再创新高，上升趋势就基本可以确立了。经过回调整理，至少还可以期望一组同等级别的上升。如果第三低点直接穿透上升通道的下轨，这也没有关系，因为跌破上升趋势，通常都会有反抽行情出现，在上升通道下轨的位置买入，即使买错，在大多数情况下都会有全身而退的机会。况且，即使不得不在亏损的情况下离场，因为离止损点较近，可以用最小的代价完成转身。这也是我们对这个买入点加入“安全”限定的原因。

在这里有两种情况需要加以区别：一是指数跌破第三低点，随后又以连续三波结构形成一个楔形上升；二是出现双重之字形的反弹。我们先谈第一种情况，楔形上升通常会跌破第一组三波结构形成的通道下轨，出现这种情况，不用担心踩空的问题，因为楔形后面都会跟随深幅回调，即使在楔形的中间，用我们的趋势判断法拆分每一个三波结构，也可以找到买卖点。双重之字形也会有第三个折返点，但随后会出现第四个折返点，与延伸波走势相同，但没有延伸波走势的第五个低点，如图 8-11 所示。

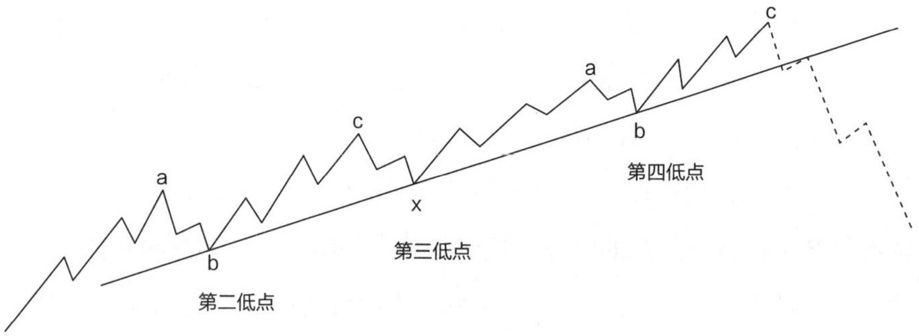

图 8-11

这种图形我们可以用上升趋势的下轨作为判断的标准，如果在应该出现第五低点的位置直接跌破趋势线下行，就可以确定是调整波的反弹，而不是推动波的延伸走势。

如果股价的第三个低点的位置低于上升趋势线的下轨，哪怕只是瞬间跌破，都是趋势转弱的先兆，因为增量资金不足以维持大盘的强势上涨，至少不能奢望随后的上升会再次触及通道的上轨。此时投资者对市场未来的反弹高度要保持一份谨慎。

8.4 趋势高点的卖出策略

假如我们成功地抓住了趋势转折的第一个低点，并且是重仓买入。接下来面临的一个问题就是，什么时候卖出股票？从趋势投资的视角出发，当上升趋势确立之后，原则上应该持股不动，因为我们很难把握住次级波动的每一次起落，即使我们踩准了大盘的节奏，有些个股也会脱离开大盘的走势。因而在一般情况下只要趋势没有改变，就应该以持股为主。但这一切并不是绝对的，特别是对于职业投资者来说，在一些确定性的卖点还是可以考虑减磅，以追求更高的效率。

在上升的初期阶段，行情通常都非常反复，因为股价在底部时，通常都是基本面最为悲观的阶段，这时，所有的阻力位，包括密集成交区、移动平均线、颈线位等，都可能成为阻止股价进一步上升的障碍。尤其是当第一波上涨达到最后一波下跌之前的调整平台，并且与下降趋势线相互重叠时，就可以考虑适量减磅。但要注意的是，第一，最好不要清空持仓，以保持良好的盘面感觉（完全空仓可能会失去直感）；第二，必须减在重要阻力的位置，以便在突破阻力位后以最小的代价纠错；第三，要在任何有支撑的位置逐步回补仓位，不能追求最大化收益。

在上升趋势形成的情况下，如果要减磅，也是要在股价触碰上档重要阻力位的时候才可以考虑，如图 8–12 所示。

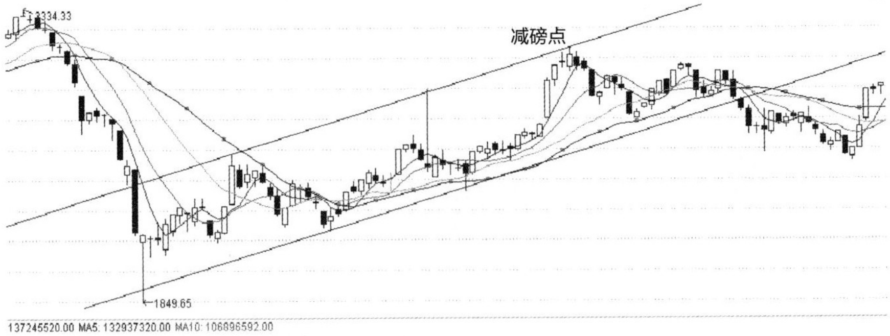

图 8–12

图 8–12 是沪指在 2013 年 6 月见 1849 点之后的第一组上升，形态上是一组相互重叠的楔形，按照波浪特性，这种形态出现之后，通常都会有一个深幅调整，股价会迅速回到楔形的起点位附近。加之楔形的上轨与长期压力线重叠，形成交叉反压点，图 8–13 是放大的图形，读者可以看得更加清楚。

在 8–13 中我们看到，楔形的上轨与长期下降趋势线交汇，在这个位置会形成较大的压力，可以考虑适量减磅，然后参考前面介绍的第二低点的买入策略，再寻机买入。

如果大盘在调整到位的情况下，恰逢管理层出台政策利好，第一波上攻的势头会很猛。但这也带来了一个问题，就是后续资金往往难以迅速跟进，当存量资金和较少的增量资金全部耗尽的时候，随后的回调也会比较猛烈。图 8–14 是 1994 年股市第一波上冲之后的调整图形。

当大盘沿着比较陡峭的上升通道上行，在第三次触及上轨的位置可以减磅，在跌破通道下轨处，就是止盈的位置。事实上，那一次见顶回

图 8–13

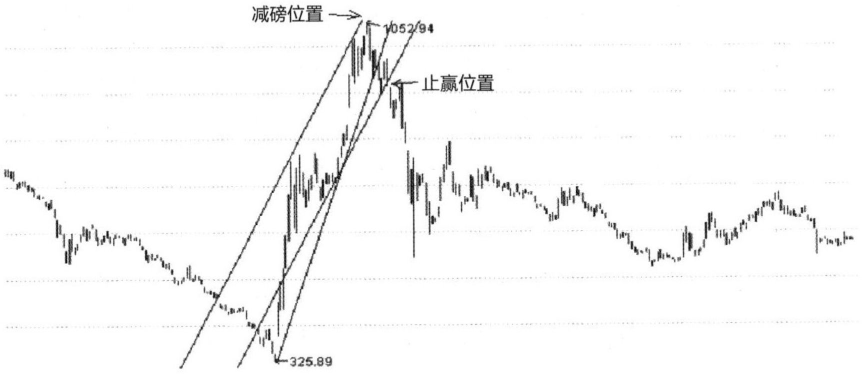

图 8–14

落，很多人没有及时止盈，在随后的猛烈下跌中，不仅将原来的盈利悉数回吐，而且还由于进行高杠杆交易，被强制平仓。

如果大盘在经过调整之后，又进入新一轮升势，我们可以找到它的第二个高点吗？如果这波上攻只是一次反弹，寻找第二高点就显得十分重要，因为不在这个位置卖出，盘面的盈利很可能瞬间归零，甚至以亏损收场。特别是在第一低点不能确定是趋势转折点的情况下，就更是如此。应该说，第二个高点比第一个低点还要难以掌握，但也不是完全无迹可寻。寻找第二高点也需要运用趋势判断法，如果第一波走出的是推动浪结构，第二组上攻也至少是一个 5 波结构，方法是找到第二组上攻的第二个高点，沿着第一高点和第二高点划延伸线，找到第二组上升通道的上轨。在第五波上攻接近或触及上轨的地方减磅。在这个地方减磅的目的是为了降低持仓成本，留出回旋的余地，防止市场仅仅是反弹行情。一般情况下，触及上轨时只需减磅而不是空仓，因为还是需要保留一定的仓位留作观察，防止出现其他的可能。具体的形态如图 8–15 所示：

图 8–15 中的 X 点，就是假设的第二高点的减磅位置。这里笔者再

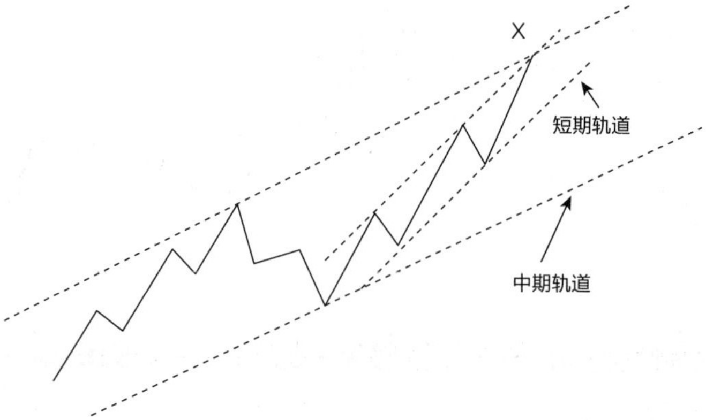

图 8–15

强调一次，在 X 点减磅的前提是，第一低点不能确定是长期趋势的转折点；如果能确定，这个位置就不宜减磅，以防止踩空的危险。如果确定第一低点不是长期趋势的转折点，且股价在未触及上轨就跌破短期通道的下轨，就要考虑大幅减磅。直到触及经过修正后的中期上升通道的下轨，再考虑是否做反弹，见图 8–15 中更宽的中期轨道线。

如果中级调整的第三个低点还是在上升通道的范围内，并且展开了新一轮的上攻，我们就可以考虑第三个高点的卖出策略了。其实方法完全是一样的，只不过这个时候我们选择的是更大级次的通道上轨位置。为了提高预判的精准度，我们可以用第三波上攻的小趋势线与更大级次的趋势上轨同时加以测量，在两个通道上轨相互交叉的位置，就应该是第三个卖点出现的地方。在这里，如果股价走出重叠形态，动力指标背驰、上升通道出现变轨，时间周期出现长、中、短期的转折点重叠……当确定这是一个长期趋势转折点时，就要考虑卖出所有的股票了。

图 8–16 是沪指见 5178 点时的通道形态。

图 8–16 就是沪指在 5178 点出现趋势转折的情况。这时，中期上升

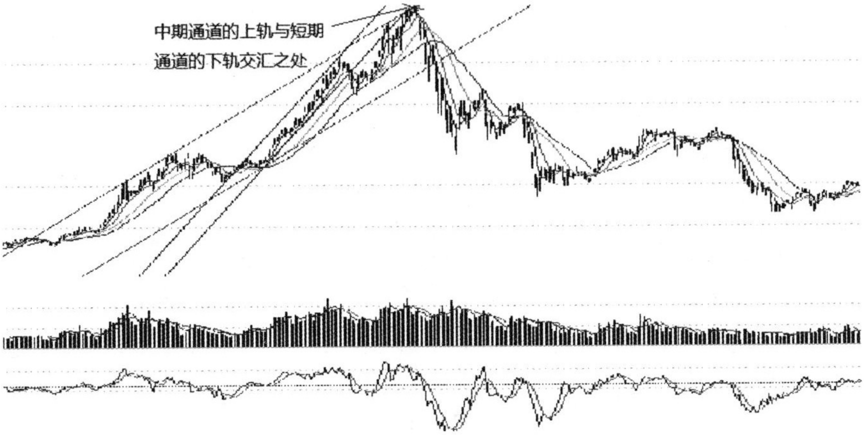

图 8–16

通道的上轨与短期上升通道的下轨（因为最后一波出现了短期通道外的变轨），在 5178 点处相互交汇，结合月、周、日线周期，以及量能、势能指标，在这个位置出现了确定性的卖出机会。

我们再看一下 2007 年 6124 点的顶部形态，如图 8–17 所示。

在图 8–17 中我们可以看到，中期通道上轨与短期通道的上轨在 6100 点附近交汇，配合时间（从次低点算起第 21 个月，因为最后的下跌第五波走失败）、势能（动力指标背驰）、量能（背驰）等指标，已形成明确的卖出信号。

在这里有两点需要注意：一是顶部的卖出一定要在阻力位完成，而不要在触及阻力位之后的下跌过程中完成，这对于调整心态和节奏非常重要，在杀跌过程中卖出股票，很容易在随后的反弹中又追高买回。这是转折点阶段最容易犯的错误。二是一旦出现确定性的卖出信号，行动就要坚决，不要心存侥幸。并且在卖出之后，不要轻易地回补，除非出现明确的买入信号。

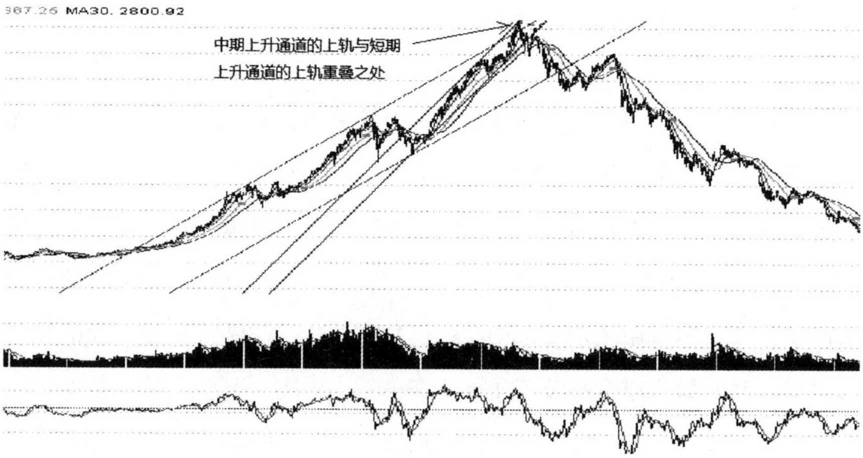

图 8–17

在股市即将见顶的阶段，技术上一定会有种种迹象表明崩溃即将来临，与此同时，基本面也会给出明确的信号，比如同业拆借利率飙升、国有股减持、清查场外配资，等等。需要加以区别的是，当技术面没有给出卖出信号时，仅仅是基本面的利空，比如增加证券交易印花税、加息、增加存款准备金率等，并不能逆转大盘的走势，只有在技术上做多的势能已经耗尽，基本面的利空（特别是资金面的利空）才会成为压断骆驼腰的最后一根稻草。

8.5 熊市中的买卖策略

熊市中基本的策略应该以控制风险为主，但这并不是说在熊市中要一直空仓。我们依然按照第一低点、第二低点和第三低点的方式，分别加以说明。

一、第一低点的买入策略

熊市中的第一波下跌，通常是急速且剧烈的（如果是缓跌就要等到加速后再考虑买入的问题）。所用的方法依然是趋势判断的方式，只是方向相反。在经过一组急速的下跌之后，我们先将下跌趋势中两个低点的连线画出，然后再依托第二个高点画平行线（前面我们已经介绍过这种下降轨道的画法，这里不再做图示）。当形态上走出 5 波，且最后一波下跌的趋势线开始变得平缓，没有触及下轨就走完形态，形成一组平缓的通道内变轨，如果有时间周期的配合与下档成交密集区的支撑，这时就会出现确定性的买入机会。图 8-18 显示了 2015 年 5178 点下跌之后的第一个低点买入位置。

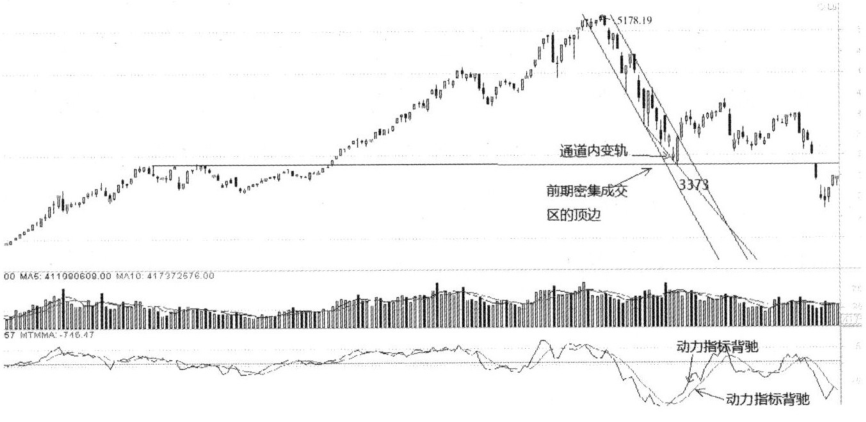

图 8-18

第一组下跌走出 9 波延伸走势，但最后一跌趋势已经平缓，出现通道内变轨，且动力指标出现背驰，最低点 3373 点为前期成交密集的顶边位置，这意味着大盘将出现确定性的反弹机会。因为是熊市初期，人们的情绪还没有那么悲观，随后的反弹也会有一定力度。但是，对于熊市中的反弹，即使买到最低点，也要持谨慎的态度，不宜追求最乐观的可能。在阻力位和时间周期的节点相互交叉的位置，应该大幅减磅或清仓，即使留少数仓位也只是作为观察之用。

二、熊市中第二个低点的买入策略

通常，熊市中的第二个低点要么是B浪和X浪的起点，要么是第四浪的起点，最乐观的可能（当然是在时间周期和势能指标都满足最低限度原则时）是牛市的起点。不管是哪一个可能，后面的走势都有一定的获利空间，需要重点关注。所谓第二低点，就是股市在第一低点反弹之后，经过第二组下跌形成的低点，如图8–19所示。

通常在第二低点，也会有日线周期的配合。形态、势能和量能也都会有所反应。我们可以回顾一下2015年5178点股市见顶以来，第二低点出现的情况，如图8–20所示。

图8–20所标示的图形，是自5178点下跌以来的第二组下跌，在月

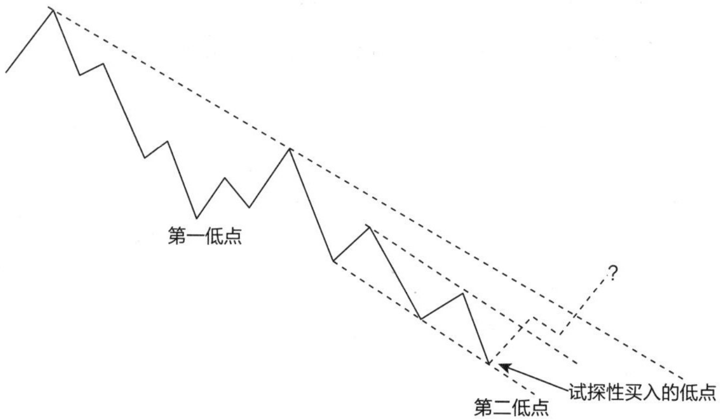

图 8–19

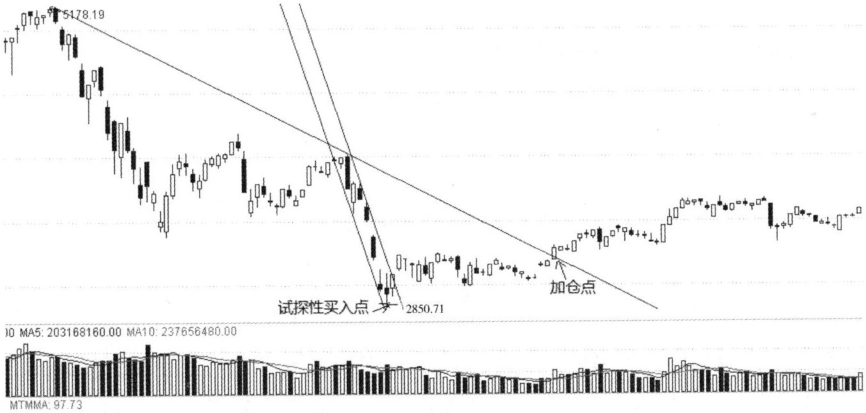

图 8–20

线上是从 1849 点上涨回落的第 26 个交易月，从下跌图中的反弹高点下来的第 8 个交易日，分时形态走出 5 波，并且出现了连续 3 个跳空缺口。2850 点是前期牛市上涨过程中调整形态的底边，有一定的支撑力。这个点位构成了试探性买入的点。当向上突破下降压力线时，就可以加仓买入，因为这个时候已经可以排除第 4 浪的可能。在第二低点买入之后，要密切关注通道上轨和 X 线的反压点，适时减磅，当上升趋势线被跌破时，就要坚决清仓离场。图 8–21 标示了之后的反弹走势：

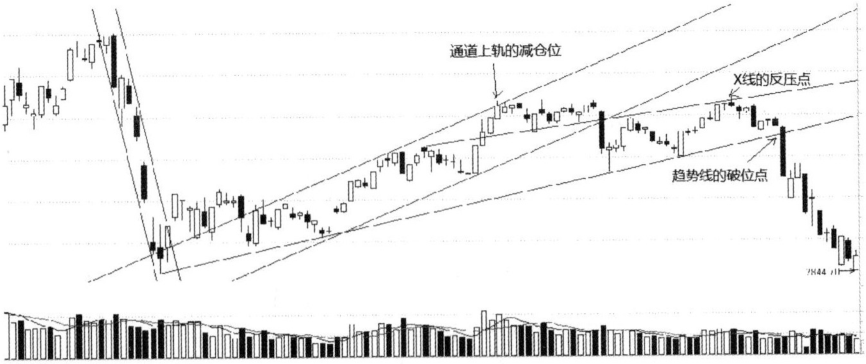

图 8–21

由于第二低点的调整时间达不到最低时间幅度（相对于 24 个月的上升仅有 3 个月调整），可以肯定是熊市中的反弹，所以在压力位的大幅减仓是必要的，当跌破上升趋势线时，就要清仓离场。

三、第三低点的买入策略

所谓第三低点，通常是大级次的下跌第五浪的浪底，或者是大型三角形的 E 波下跌，或者是三重三的低点。这个点通常都有月线的时间周期配合，势能指标与形态量能都会发出明确信号。图 8–22 中标出了 2008 年股市经过 5 波下跌形成的第三低点的位置。

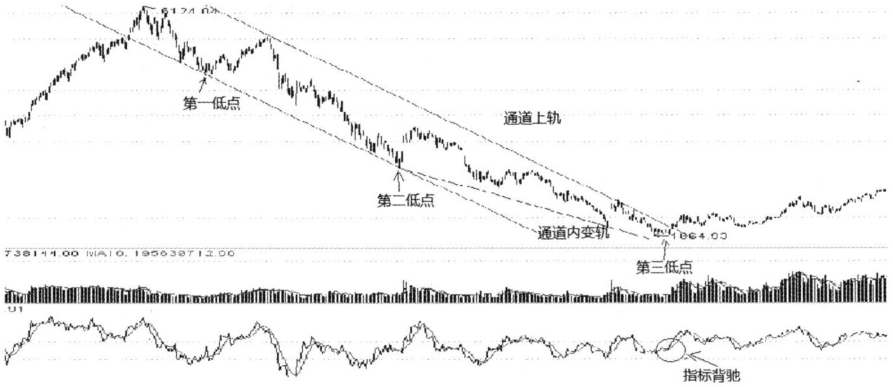

图 8–22

图 8–22 的第三个低点处明显出现了通道内变轨，下跌结束的位置非常接近下降通道的上轨，结合时间周期，大盘已经经过 13 个月的连续调整，形态上走完 5 波，下跌势能已经减缓，动力指标明显背驰。第三低点形成了确定性的买入机会，在突破上轨处得到确认，可以重仓买入。

图 8–23 是 1999 年沪市经过两年（24 个月）的调整，出现大型三角

图 8-23

形的第三个低点。

第三个低点的出现通常后面都跟随着大级次的反弹或上涨。尤其是在出现趋势内变轨和趋势外变轨的情况下，出现大级次上升行情的概率接近 100%。在图 8-23 中，三角形的第三个低点正好和上升通道的下轨重叠，形成了明确的买入机会。

8.6 突破点的买卖策略

所谓突破点，是指一旦股价超越（不管是向上还是向下）这个点位，就意味着趋势的确认或趋势的逆转。那么，什么地方可以称之为突破点呢？传统的技术分析一般是指平台整理的顶边或底边，头部或底部形态的颈线位，三角形的顶边或底边，等等。对于趋势判断法来说，这些位置过于滞后，只具有后期进一步确认的价值，趋势投资更注重的是通道的上轨或下轨的突破，特别是当通道走势比较平缓的时候，突破轨道线的转折意义就更加明显。这里需要指出的是，不管是上升趋势还是下降趋势，如果轨道线大于45度角，向上突破或向下突破并不意味着反转，只是意味着上升趋势或下降趋势的修正。通常是小于45度角的上升趋势线和小于30度角的下降趋势线被突破，才可以考虑反转的可能。

在趋势判断法中，下降趋势的轨道线向上突破的位置不是第一买点，而是趋势逆转确认后的加仓点，通常有两种情形：第一种情形是在下跌过程中，出现了通道内变轨，在第三次触及已经变得平缓的下降趋势下轨时，开始建仓，突破通道上轨就要加仓。读者朋友可以回顾图8–17的形态，第一买点出现在通道内变轨线的底边，向上突破上轨就要加仓，但由于大盘是第一组下跌，且通道倾斜角大于45度，因此可以判断此处的上升仅仅是一个反弹。冲高后还要根据时间周期和阻力位的情况坚决卖出。

第二种情形是突破后回踩确认的点，在图8–7中，笔者已经说明了这种情况的买点位置。在这里重新强调，是为了给读者一个完整的概念。

除此之外，在重要支撑和阻力位还有一种所谓“第二次突破”的现象，即在发生通道内变轨的情况下，当股价触及通道上轨时也会出现回调，这时候向上突破是大概率事件，只要回调不创新低，再次逼近重要的阻力位，基本上可以预判会出现向上突破，这时不需要等待突破出现，就可以加仓。另外，还有一种笔者称之为“反向二次突破”的现象，即向下突破支撑位之后，第一次反抽到趋势线回落，但回调没有创新低，又在收盘前再次抵近趋势线，这就意味着这个向下的突破有可能是假突破，第二次反向突破趋势线的时候就要大胆跟进，如图8–24所示。

图 8-24

对于上升趋势的重要支撑位来说，特别是在上升角度没有达到 45 度角的情况下，有“事不过三”的原则。股价在第一次触及趋势线时，都会出现反弹，如果有其他指标，比如 60 日移动平均线与之相重叠，再次回落到这个点位，依然保留再度反弹的可能，但第三次再度触及下轨，特别是在没有触及上轨的情况下，则向下突破的概率大增，一旦突破就必须清仓，如图 8-25 所示。

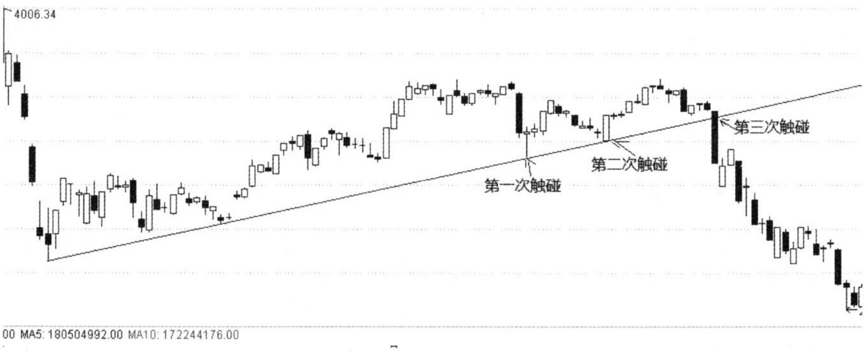

图 8-25

向上突破压力线也有反向二次突破的问题，有时股价无量突破重要的压力线，第一次回踩后的反弹软弱无力，这时，就要警惕反向二次突破的危险。遇到这种情况，加仓就需要谨慎，如果股价重回压力线下方，就要坚决清仓，然后重新在下方寻找新的支撑点。

概括起来说，在上升趋势中，最好的买入点是离止损位最近的点。这句话如何理解呢？我们用图形来说明，见图 8–26 标出的买入点。

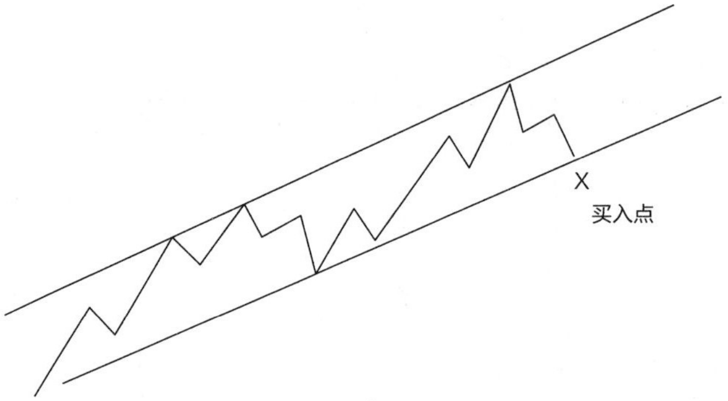

图 8–26

图 8–26 中的 X 点就是上升趋势中的最佳买入点，因为跌破这个点位，意味着趋势的改变，并且随后都会有反抽行情，可以用最小的损失转身离场。

那么，在上升趋势中，最好的卖出点是在什么位置呢？答案则是中短期上升趋势交汇的位置，如果在这里同时出现五维共振，则构成确定性的卖出机会。

在下降趋势中，最好的卖出点是离买入点最近的点。为了便于理解，请看图 8–27 所做的说明。

如果不考虑通道内变轨的情况，下降通道上轨的位置就是卖出的最佳点位（请记住，是通道的上轨，不是趋势线）。在这个位置卖出，如果趋势没有改变，则卖在高点；如果向上突破，通常会有回踩趋势线的机

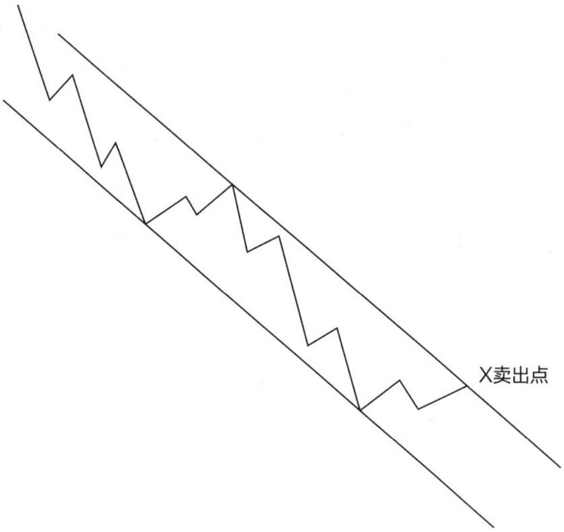

图 8–27

会，可以再度买入。这样也不用担心踩空或者因为卖出价低于买入价而产生患得患失的心理。

那么，在下跌趋势中，最好的买入点出现在什么地方呢？一般而言，应该出现在短期趋势变轨的结束点和突破中期趋势上轨后回踩轨道的位置。在前面的分析中我们已经做过图示，这里就不再重复举例了。

同样的道理，矩形的边界、形态的颈线位以及所有的支撑和阻力，都构成买卖的参照点，因为在这些位置买入或卖出，一旦做错，可以迅速转身。

总之，在市场中，所有的买卖行为都要有充分的依据，不能凭感觉或冲动做出决定。在趋势运行没有发出明确信号之前，绝不做随手的交易。一旦出现信号，就要迅速采取行动，因为市场无时不在变化之中，稍一犹豫，最佳机会就会失去。比如在支撑位犹豫不决，没有采取行动，反弹起来才追高买入，如果股价反弹后又再度击穿支撑位，这时候止损就会加大亏损的比例。经验证明，没有行动力，再好的分析系统也无法保证盈利。

Chapter 9
有多少悔恨可以重来
——趋势投资中的风险管理

即使趋势判定法可以覆盖大多数的市场波动，也并不能保证每一次交易都可以准确无误。这是因为，股票市场中任何一个机会都表现为实现概率的高低，百分之百的确定性机会并不多见，特别是在短期波动中，某一个特定位置上总是存在着多种可能。虽然我们可以通过趋势的五个维度找出实现概率最大的一种演化路径，但无法确定此种路径是否为必然的结果。我们在上一章之所以强调“最好的买入点是离卖出点最近的点”，其中最重要的一层含义，就在于风险的控制。也就是说，在决定趋势运行的关键位置买入，一旦证明判断有误，我们可以用最小的代价纠错。

资本市场的风险无处不在，一次失误，就有可能前功尽弃，在动用杠杆的情况下，则可能危及身家性命。进入资本市场的人都听说过“复利”的威力，每年赚 20%，累积下来的收益十分惊人，这当然没错，但也只是问题的一个方面。复利的计算显然没有包括亏损出现的情况。如果一次交易损失了 50% 的本金，这就意味着在后面的交易中必须获得 100% 的收益，才能回到原来的起点。风险投资市场的这种特点，要求我们尽可能降低每一次犯错的成本，在趋势投资中进行有效的风险控制。资本市场潮起潮落，有多少牛市中赚得风生水起的后起之秀，在随后的几次重大失误中，输得一败涂地。资本市场永远都有赚钱的机会，但抓住这些机会的前提是你还没有被市场所消灭。从这个意义上讲，任何测市系统，如果没有风险控制的内容，都不能算是一个好的方法。

9.1 标准的确立

风险控制的第一步，是标准的确立，即我们建立的预判必须有实现的前提。在入市之前我们先要回答两个问题：第一，这个预判实现的概率是多少？第二，如果一个预期的走势没有出现，我们能在遭受多大损失的情况下转身？

市面上流行的各种测市系统都有自己的判断标准，按照笔者个人的理解，好的判断标准应该具备以下三个特征：第一，标准应该标示出一个关键的位置，股价在这个位置上的表现，直接决定其未来运行的方向；第二，这个标准不能过于滞后，不能等到亏损已经超过 10% 才发出止盈或止损的信号；第三，这个标准具有先验性，即在入市前就可以准确地加以定位。

为了便于读者理解，我们举例说明。假如股价在上升了一段时间后，出现了回调，我们预判会在上升趋势线的下轨位置获得支撑，并在接近下轨的位置买入，但如果股价并没有在上升趋势线下轨获得支持就向下突破，说明上升趋势已经被破坏了。如图 9–1 所示。

跌破上升通道的下轨，说明能量传递不能按照原有的速率进行，股价维持上升趋势的前提条件已经不复存在，这时我们就需要改变策略。这个上升通道的下轨，就是我们事先假定的标准，也是所有风险控制的前提。至于是在突破通道下轨的位置止盈或止损，还是等待反抽之后再操作，这取决于上升通道的上升斜率，越是平缓的通道，止盈或止损应该越坚决。

卖出之前所确立的标准也是这个道理。假定我们在一组下降趋势线

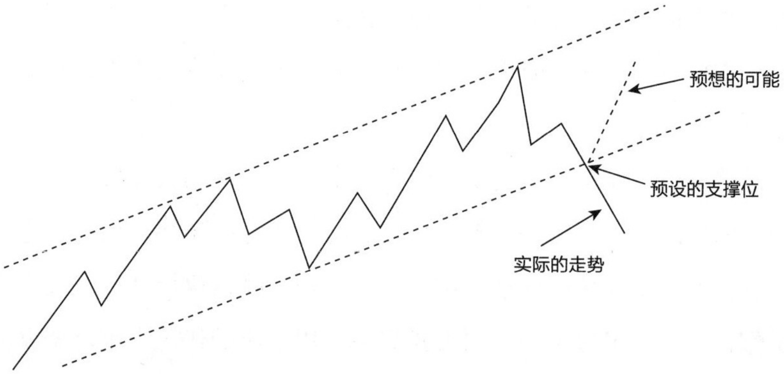

图 9–1

的反压点卖出了股票，卖出之后，股价反而向上突破压力线，我们就要在股价回踩压力线的时候重新买入，如图 9–2 所示。

另外，像水平线的支撑和阻力位、X 线反压点的支撑和阻力等，都

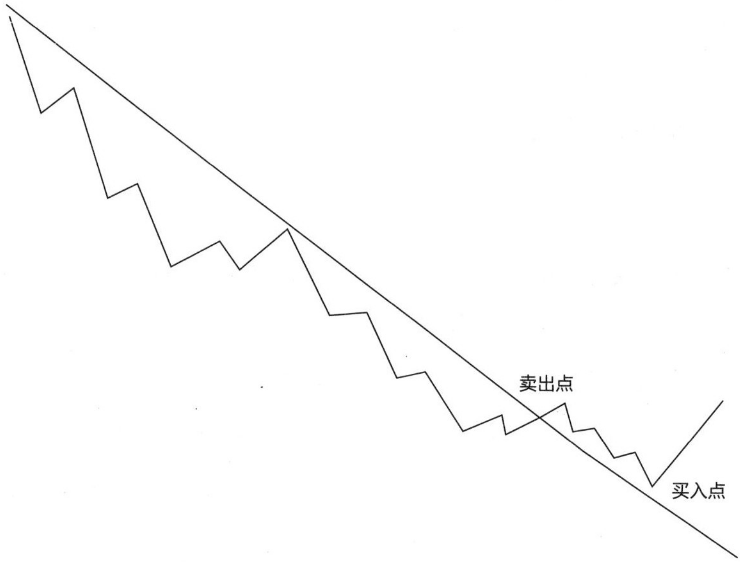

图 9–2

是我们买卖前必须明确的进出标准。在阻力位上卖出，在放量突破后利用回踩支撑位（原来的阻力位）回补；在水平支撑位时买入，向下突破支撑位则止损。

也就是说，在每一次交易之前必须事先确立离场或反身的标准，没有例外的情况，这是每一个趋势投资者必须遵守的纪律。而且，标准确立之后，就要坚决按照标准提供的信号操作，哪怕执行之后发现是错误的操作，也不必患得患失，因为我们可以用最小的代价来重新调整。标准不严密可以修改，但没有标准，错了却不知道错在哪里，等于白交学费，下次遇到类似的情况还会犯同样的错误。

有些人在入市之前没有建立判断的标准，或者是建立了判断的标准，但当标准被破坏时，又心存侥幸，不执行原定预案，这是将小错酿成大错的源头。

9.2 风险的计算

风险无处不在，但要落实到操作上，就要将风险量化，即将可能的亏损量化为在总资金中可以容忍的百分比。

按照我们的测市系统，股价在一个五维空间中运行，如果我们将五维共振假定为100%的确定性，其中每一个维度各占20%。那么，当一种可能的入市机会出现时，按照形态、时间、位置、势能和量能这五个指标判断，如果只有三个指标发生共振，意味着确认的概率只有60%。这时还要确定一个反向的标准，即在什么情况下，证明这种假设不再成立。这个标准通常与位置联系在一起。例如，我们在一个上升通道内做差价，当股价触及上轨后回落，在X线位置与时间周期发生共振，但没有与通道下轨交叉，形态上是平缓的调整形态，成交量并没有明显变化，势能指标无法发出明确信号，那么，在这个位置向上变轨出现新一波加速上攻的概率和在这个位置出现小b浪反弹的概率加起来也就是60%，见图9-3所示。

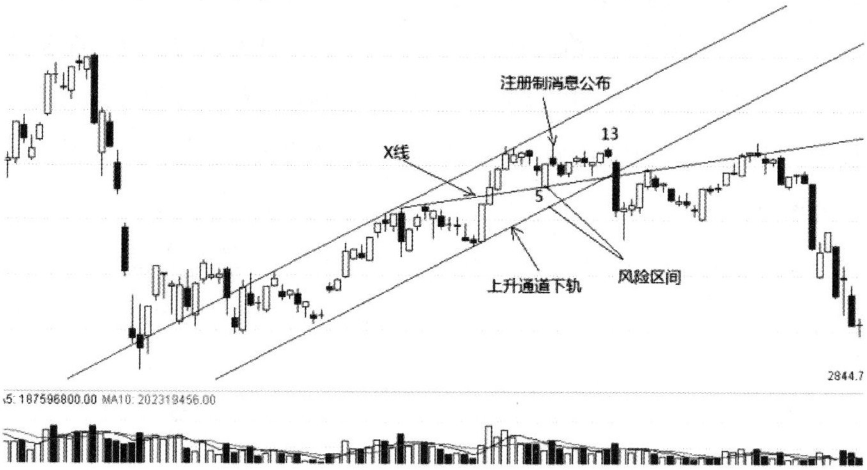

图9-3

大盘在触及上升通道上轨之后，调整到第5个交易日触及X线，出现了一个试探性回补仓位的机会。但由于没有打到下轨的位置，这时候我们要计算入市点位与止损点位（跌破上升通道下轨）的距离，见图中X线与上升通道下轨的“风险区间”。如果有2%的空间，再加上1%的交易成本和1%的不确定因素。一般上升趋势线如果不小于45度角，都会有一个反抽行情，即向下突破后再返回轨道下轨。这样，我们把止损空间假定为4%（2%的止损空间+1%的交易成本+1%的不确定因素），这就是所谓的风险系数。如果我们回补 60% 的仓位，乘以止损空间，假定的止损空间为占用资金的 2.4%，总资金的 1.44%。按照每次交易不能损失总资金 2% 的准则，这个风险成本还是可以接受的。当行情确认之后，比如突破水平压力线或小于 30 度角的下降压力线，回踩确认的时候加仓。这时的止损位设定在压力线之下，即使出现假突破，由于有低位 60% 的底仓摊低成本，也可以全身而退。事实上，图 9–3 的案例，在试探性买入点当天就出现了反弹，第二天，管理层公布了注册制实施的时间表，大盘平开高走，给出了完美的脱身机会。即使没有减仓，在跌破上升趋势线下轨之后，也有两次反抽回 X 线的逃命机会。图 9–3 只是给读者提供一个理解风险控制原理的案例，具体应用的时候可以根据情况做出调整。

如果我们的亏损幅度每次不超过总资金的 2%，那么，长期来看，我们就可以立于不败之地。在股票市场，资金安全是第一位的，没有了资金，一切都无从谈起。

9.3 风险收益比

有了风险的计算，也就有了控制风险的方法，除了在上一节中，用资金量与风险系数相对应的方法控制风险之外，还有一种方法是计算“风险收益比”。所谓风险收益比，是指风险成本与收益空间的比例。在一个点位入市时的风险成本（计算方法在上一节已经有所介绍），即入市点位距离止损点位间的距离，加上交易成本，再加上不确定因素，假定是2%。收益空间就是入市点与上档阻力位的距离，如按照上升斜率接近上升通道上轨的距离，减去交易成本，假定是20%，如图9-4所示。

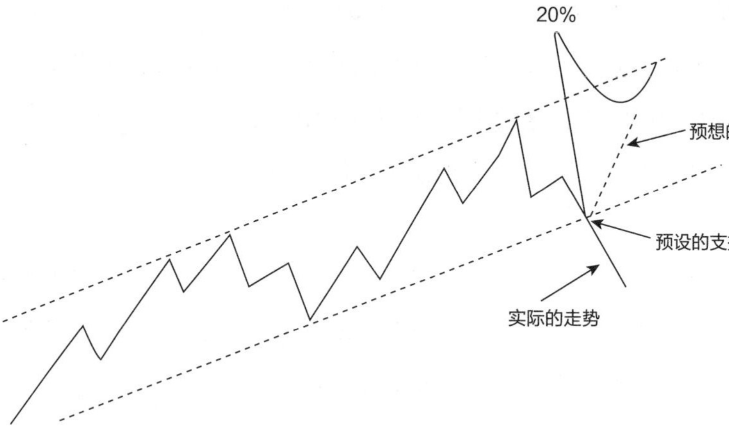

图9-4

风险收益比就是2∶20。原则上说，只有当收益可以覆盖风险且有最低限度的盈余时，才是一个可以介入的机会。至于盈余的最低限度要达到多少，才值得介入，这是一个见仁见智的问题，因为每一个人的风险偏好不同。我个人认为风险收益比至少应该达到1∶2以上，假定上涨下跌的概率各占50%，我们每一次盈利至少可以覆盖2次失败的风险，就可以做到立于不败之地。这里只是讲最低限度的比例，达到这个比例并不意味着可以全仓介入。假定达到这个最低限度的风险收益比，也只能投入部分资金，随着风险收益比的扩大，再按照扩大的比例加大投入的资金。如果盈利空间不足以覆盖风险，就要采取观望的态度，不进行操作，或者只用极少量的资金操作。用公式表示为：

$$P-R \geqslant 2R$$

其中，P 为上升空间，即买入点与上档阻力位的距离；R 为风险成本，即买入点与止损位的距离 + 交易成本 + 不确定因素。假如买入点与上档阻力位的距离为 20% 的上升空间（P），如果风险成本只有 3%，就是一个值得介入的机会。因为 $0.2-0.03 \geqslant 0.03 \times 2$。反之，如果 P 只有 8%，风险成本 R 达到 5%，就不能满足最低风险收益比的要求，因为 $0.08-0.05<0.05 \times 2$，这就不是一个好的入市机会。

每次投资需要的资金量，可通过以下公式确定：

$$X=F \times £$$

其中，X 为可以投入的资金量；F 为自有资金总量；£ 为上涨空间实现的概率。假如有 100 万元资金，在风险收益比达到最低限度的前提下，如上升的概率为 60%，则可以投入的资金为 60 万元。

我们的公式里没有加入融资成本。一般而言，笔者不主张加杠杆操作，因为股市中 100% 确定性的机会很少，一旦运用杠杆，并侥幸获得成功之后，就会对杠杆操作产生迷恋，而忽视随之而来的风险。在笔者个人的投资经历中，见过不少以小博大的“奇迹”，但见得更多的却是倾家荡产的悲剧，很多人在投资上大败亏输，都与高杠杆操作有关。而且，频繁的杠杆操作，会使人对股价波动过分敏感，直接影响操作心态。不仅如此，在加杠杆的情况下，人们对走势的评判也带有更多的主观色彩，很难保持客观与理性，很多应该抗住的随机波动，却因为杠杆过高而无法承受，很多明显的转折信号，也因为加杠后产生的主观愿景而一叶障目，结果是本来可以赚钱的机会反而以亏损为结局。可谓得不偿失。

但凡事无绝对，按照我们的五维测市法，股市中 100% 确定性的机会也是存在的，只是并不多见而已。这样的机会存在于月线图中主升浪开始确认的位置。在这样的位置，形态、时间、位置、势能和量能都会发出强烈的买入信号，同时回撤的位置不会到达强制平仓所要求的 20% 的止损位，这就是动用杠杆操作的唯一机会。

我们以 2014 年 4 月牛市的第二折返点为例，见图 9–5。

图 9–5

在这里，月线的波浪形态已经走出大的 A–B–C 调整，且月线上的第一组推动波已经完成，并经过了长达十个月的横盘整理，月线周期从大 C 浪结束的低点开始，已经历时 13 个月，并在第 14 个月突破长期压力线，大牛市已经确定无疑，而且展开的是主升段行情。只有在这个时候才可以动用杠杆，并且在主升浪的上升通道下轨做好止盈的标准，这样动用杠杆就会立于不败之地。

9.4 如何管理“心理的风险”

既然股市是按照趋势运动的，按道理说，我们只要做到“顺势而为”就可以避开市场的风险，赢得赚钱的机会。但在实际操作中，我们却往往“逆势而为”，问题出在哪里呢？根据笔者个人的体会，阻止我们按照趋势操作的原因，更多是来自我们自己的心理误区。事实上，所谓来自“外部”的干扰，都要通过我们自己的心理反应才能发生作用。从这个意义上说，如何管理“心理的风险”与如何管理市场的风险，具有同等的重要性。股市中最为常见的“心理风险”有很多种，笔者将其归结为股市的十大心理误区：

一、一厢情愿

人类是具有丰富想象力的动物，这一方面带给我们追求美好生活的动力，同时也不可避免地给我们的预期染上强烈的主观色彩。比如，很多人买入股票以后，主观认定一定要翻倍，或者达到一个预定的目标。买一个大一点的房子，挣出一辆小汽车的钱，等等。有趣的是，当这些目标有幸达成之后，我们又会随之调高自己的心理预期。也就是说，人们在股价变化中看到的并不是趋势运行，而是自己编织的“梦想”。在卖出股票以后，就认定一定要在更低的价格才肯买入，比如不跌回自己卖出点之下就不进场，等等。这种心理误区的本质，是将自己的主观愿望作为操作的依据，而不是将市场的变动作为判断的标准。按照这样的心理入市，自然不可能做到顺势而为。

二、永不认错

纠正错误的前提，是承认自己会犯错，并且设定判定错误的标准。但是，对于有些以自我为中心人来说，在操作出现失误后，他们不是总结自己的问题，而是怨天尤人，好像错误是由市场、管理层或他人犯下的，自己只是一个“无辜的受害者”。这样的人不会去寻找买卖的客观依据，出现失误后也不会考虑如何纠错，当然，更不会去总结犯错误的原因。市场带给他们的永远是怨恨，这样的人也很难承认市场运行的合理性，“顺势而为”自然也就无从谈起了。

三、以偏概全

资本市场是一个开放系统，涉及的因素千变万化，利好、利空因素纠缠在一起，任何一个因素都有可能影响股价的变化。但不少投资者只关注其中一两个因素的影响，视野不可避免地受到局限。这很像“盲人摸象”的寓言，一群盲人通过触摸大象来判断大象的样子，摸到尾巴的说大象是一根绳子，摸到耳朵的说大象是一把扇子，摸到象腿的说大象是一根柱子……每一个人都说出了部分的事实，但他们根据部分事实所得出的整体判断却是错误的。这个市场上，多头和空头都能说出各自的“事实依据”，但以偏概全的思维方式，决定了他们的结论只可能是部分正确的，随着股价运行超出了这些因素的制约，这种一时的“顺势”也很快就转变为“逆势”。

四、仓位决定判断

这种误区，是在对市场判断时，不是以股价的走势为依据，而是以自己的仓位为依据。满仓时，一味看多，对于上档的阻力位，以及趋势的改变，一概视而不见，甚至对于看空的言论采取敌视态度。同样，当空仓时，就一味地看空，将所有不利于股市上涨的因素无限放大，对于有利于股市上涨的因素也同样地拒绝接受。这种以持仓状况来选择信息的方式，不可能得出客观公正的判断，也是趋势投资的大忌。

五、随意操作

入市操作不是根据对市场的分析，而是根据自己似是而非的感觉，随手买卖，进出都缺乏依据，赢了盲目得意，输了也是不明就里，操作上自然不会有任何长进。随意操作的原因在于缺乏思考，或思考得过于简单，将股市投资变成纯粹碰运气的赌博。

六、参照系错误

不管入市时是以什么为依据，一旦买入股票就只盯住账面上的盈亏。当略有盈利时，一点风吹草动就会被惊吓出来，生怕到手的利润会回吐回去。套牢后，也是整日关注账面上的亏损数目，受尽煎熬，直到亏损数额达到心理崩溃的极限时，才在绝望的状态下砍仓。这是参照系统出现错误。趋势投资要求投资者关注的是趋势的变化，在趋势没有改变之前，就要忽略随机波动带来的浮盈变化。在趋势发生逆转的情况下，必须正视现实，果断做出决定，不能等到心理无法承受的时候再清仓离场。

七、过度简化

有些人不愿意下功夫去研究趋势运行的规律，仅仅凭借一两个指标（比如动力指标背驰、移动平均线的位置等）做简单的判断，对趋势变化的规律性认知不足。当出现简单指标不能覆盖的走势时，由于缺乏对应的分析手段，往往会不知所措。

八、被预设前提所误导

人们对股市的判断有时会受意识形态的误导。比如有些人坚信中国经济会崩溃，在这个预设前提下，他们对中国股市的判断也会非常悲观。即使股市出现明显的见底信号，也会被意识形态的有色眼镜过滤掉。同样，迷信政府对股市的管控能力，也会对市场产生不切实际的幻想。在政府为牛市做背书的背景下，这部分人会对市场出现的明显调整信号视而不见，在跌破重要支撑位时还继续抱有幻想。不管是极度乐观或极度悲观的预设前提，都会导致市场信息的选择性接受，失去对市场趋势的客观判断。这是职业投资人必须极力避免的误区。

九、患得患失

买入怕被套牢，卖出又怕踩空，这种态度会导致投资人在重大机会和风险面前犹豫不决，对于所有的波动都过于在意，生怕卖出之后错过侥幸的上升机会或买入后出现意外下跌的危险。患得患失的结果，只能是错过趋势转折的最佳买卖点，从而加大纠错的成本甚至会看对方向却做错节奏。

十、不留余地

风险投资最忌讳的就是单线式的思维方式，非黑即白，非多即空。买入就是满仓，卖出就一股不留。没有概率的理念，不留调整的余地。这样的两级对立的思维定式很难适应风云变幻的资本市场，并且容易导致情绪化操作和非理性预期。

当然，股市中的“心理误区”不止这十项内容，但其他的心理误区大多是这十大误区的变形，或派生形态。在很多情况下，我们其实不是在和市场博弈，而是在和自己的心理博弈。回过头来反思，我们以往的失败，在大多数情况下不是败给了市场，而是败给了自己。追求成功首先要从内心的修炼开始。

9.5 如何重新调整节奏

在股市中，不管采取何种方法，总是难免会出现判断错误。纠正错误的前提首先是要有判断错误的标准和纠正错误的预案。很多失败的投资并非没有操作的依据，而是应变的预案不充分，当市场出现意料之外的变化时就会不知所措。

“凡事预则立不预则废”，所谓“预”，就是要有预见、有预防、有预案。这就好比高手下棋，总是要事先预估各种可能，看出未来十几步的变化，并根据对手可能采取的策略制定出应对方案。做股市投资也是一样。第一步，在做出决断之前，要预估入市点位出现变化的几种可能；第二步，当只剩下一种最大的可能时，还要找到这种可能不成立的标准；第三步，找到标准被打破后应对的方案。

传统技术分析方法给出的纠错方式有很多种。比如，金字塔摊平法，即当买入后股价继续下跌，就不断地加码买入，以摊低成本。严格说，这并不是一种纠错的方法，倒不如说是一种坚持错误的方法，而且还有可能将错误放大。如果趋势已经改变，最简单的办法就是顺势离场，而不是逆势操作。况且，这种方法要求资金量巨大，如果第一次入场的点位不好，以后的摊平很快就会耗尽手里的资金。随着投入资金越来越大，投资者的心态也会发生变化，到了真正底部来临的时候，早已被股价的连续低挫吓成了惊弓之鸟，即使还有资金，也不敢入场抄底了。

还有一种传统技术分析的止损方式叫固定比率止损法，即在亏损达到一定程度时，比如5%，就斩仓离场。但这种做法完全没有以行情的变化作为依据，而是以账面的损失为依据，这是许多操作错误的根源，而且无法避免刚刚斩仓，正好斩在地板价的情况，这种情况一旦发生，会极大地影响投资者的心态，打乱未来的入市节奏。

我们的纠错方式是与趋势判断联系在一起的，在趋势没有发生改变之前，就要坚持原有的操作策略，一旦出现趋势改变的信号，则在第一时间采取对应措施，直到下一个趋势信号的出现。具体说来，调整节奏的过程分以下几个步骤：

一、预先设定反击的位置

假定我们根据大盘的走势，估计下跌的概率较大，但在做出这个判断之后，还要设想一个相反的方案，如果大盘不跌反涨，在什么位置就要跟进。图 9-6 是沪指 2016 年 6 月的走势图：

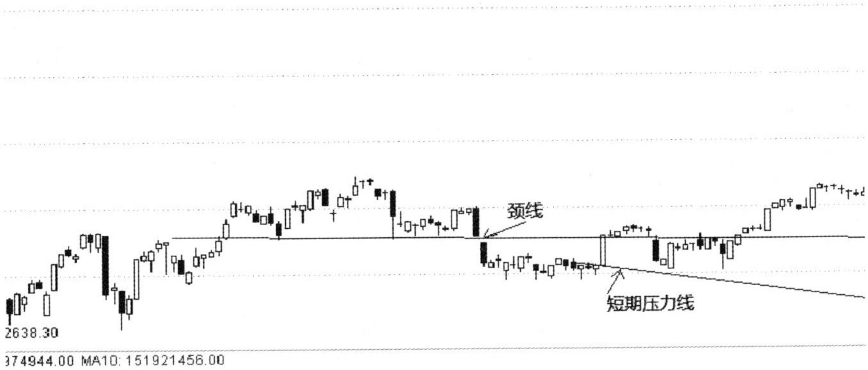

图 9-6

在图 9-6 中我们看到，大盘形成一个小头肩顶之后，跌破颈线位，按照最低量度跌幅，沪指至少应该调整到 2713 点之下，但大盘在下探 2781 点之后，开始窄幅盘整，形态上属于调整波走势。按传统技术分析的理论，盘整之后再下跌一次的概率较大。但是在管理层入市干预的背景下，做这个假设的时候，要设定一个反向标准，即这个平台上方的短期压力线连线不能被突破（见图中标出的短期压力线）。突破之后就要跟进，因为这后面至少会有一个确定性的短线机会。

二、反向突破的二次回补

当一条比较平缓的支撑线被跌破后，股价在第一次反弹时触碰这条线的反压点回落，没有创新低之后又再度逼近这条压力线，就要警惕反向突破的可能。一旦突破就要迅速调整策略，果断跟进，并且在随后的调整中，也以这条失而复得的趋势线作为判断的标准，见图 9–7。

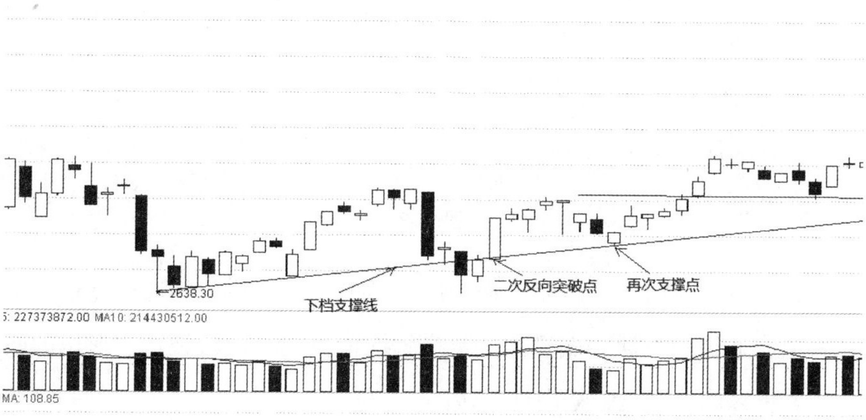

图 9–7

图 9–7 是 2016 年 2 月底到 3 月初沪指的走势图。大盘在跌破下档支撑线之后，只在该线下方停留了两个交易日，第三个交易日就重返其上，在二次反向突破点就出现了再次买入的机会，并且在股指再次下探时，该趋势线又构成股价的支撑。

三、迅速找到新的趋势通道

当一个比较陡峭的趋势线被跌破之后，通常都会有一个反贴行情，即大盘会以一个更为平缓的上升反贴回趋势线的下轨。这个时候就需要修正轨道线的画法，找到新通道的位置，见图 9–8。

图 9–8 是沪指在 2015 年上半年的走势图，在原有的上升趋势被修正

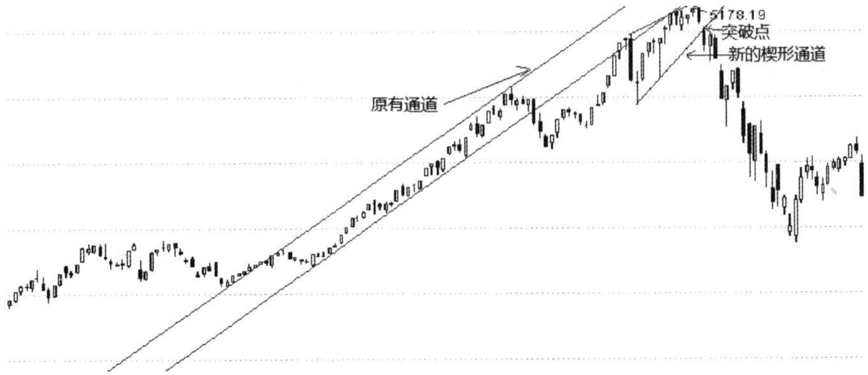

图 9-8

之后，大盘又形成了一个新的向中间收敛的上升通道，其通道顶边就是原有上升通道的下轨，底边为趋于平缓的低点连线，跌破这个形态的底边，就可以确认大盘趋势出现逆转。

对于下降趋势也是如此，当下降趋势线向上突破后，就要根据新的趋势画新的上升通道，当上升通道被跌破时，就要重新调整支撑线的画法，见图 9-9。

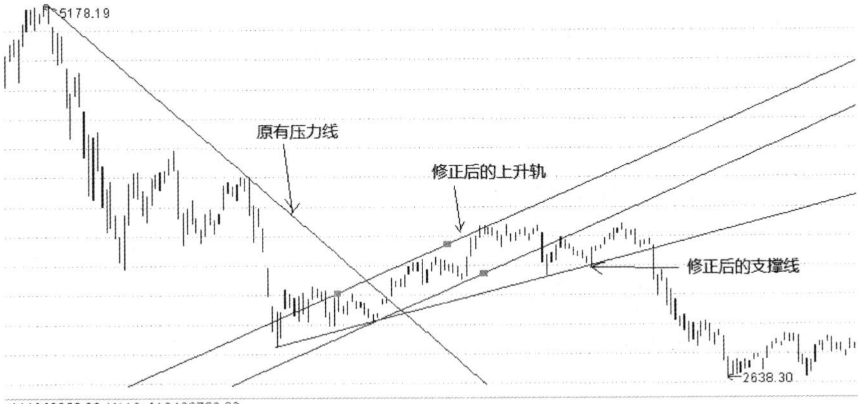

图 9-9

四、重新检查时间周期的起点

如果根据某种波动假设选择了一个时间周期的计算起点，随着行情的发展，在下一个趋势折返点并没有发生时间周期与形态的共振，就要检查原有的计算起点是不是存在问题，特别是当计算起点区域有几乎平行的几个转折点时，就更要注意重新检验计算起点的有效性。这个问题笔者在第三章已经做过介绍，这里就不再重复了。

五、重新调整波浪的数法

如果原先假定的波浪形态，出现了破坏判断标准的变化，就要根据新的形态做出调整，进行新的波动假定。图 9–10 是 2016 年 2~9 月的反弹图形。

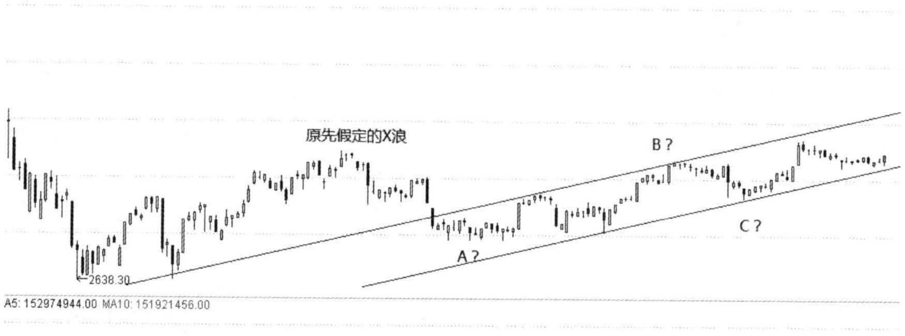

图 9–10

从 2016 年 2 月展开的第一组反弹是明显的三波结构，且反弹高度没有达到 B 浪的级次，笔者曾经假定这是又一组 X 浪过渡，下面会再次展开 A—B—C 的调整，在大盘运行到假定的 B 浪的浪顶时，一切都还中规中矩，但到了假定的 C 波时，大盘并没有跌破上升通道的下轨（尽管已经和通道内的第一个高点重叠），而是在下轨的支撑下，又展开了一组新的上升。这时，就要调整我们的数浪方式。这时，大盘未来的演化会出现多种可能。事实上，截至 2016 年年底，大盘的走势如图 9-11 所示。

图 9-11

这时候，波浪的数法完全取决于上升趋势线是否被跌破，跌破是一种数法，没有跌破上升趋势线就突破下降通道上轨（见图中右侧的短期下降通道），又是另外一种数法。这可以作为一个练习题，考验一下我们的预判能力。

在我们制定了各种预案和判断的标准之后，剩下的问题就是如何去执行。而执行需要的不是技术，而是心态、性格和决断力。在实战中，必须杜绝所有的侥幸心理，预先制定的风控标准必须执行，在充满不确定性的市场里，如果我们放弃对风险的控制，就等于放弃了掌控自己命运的能力。

Chapter 10

上帝是否在掷骰子

——趋势分析的极限

所有的技术分析工具，当然也包括笔者介绍的趋势判断法，在功能上都属于形态学范畴，即通过股价以往的走势做未来变化的推断。这种趋势外推的方法，不管改进到何种程度，都存在自身无法逾越的极限。在笔者看来，趋势分析的极限主要表现在以下几个方面：第一，不能覆盖股票的内在价值及其突发的变化；第二，在有些情况下无法得出唯一确定性的结论；第三，在人为的干预下会部分失灵；第四，难以避开“测不准效应”。下面，笔者分别对它们加以阐述。毕竟，在我们将趋势分析作为一种“武器”应用于“战场”时候，出于安全的考虑，也有必要了解它的缺陷和不足。

10.1　不能覆盖股票的内在价值及其变化

股票分析工具无非分为两大类：技术分析和价值分析。这两者的观察角度不同，技术分析只是从形态上判断股价是否已经止跌回稳或是否会出现调整，却无法回答在股价调整到某一个阶段性低位时，对于某些非周期类个股，是否可以长期持仓或仅仅是做一个反弹。在大盘即将出现中短期趋势调整的点位，对于某些优质的长线品种，这个调整是否可以忽略不计。因此，技术分析注重外在形态的视角，不可能完全覆盖股票的内在价值，特别是当个股的内在价值由于某种突发因素而发生改变时，趋势分析往往不能提供预先的判断。当资本市场的走势存在多种可能的时候，价值分析可以提高我们持股或持币的信心。特别是对于一些非周期类的股票，在泡沫破灭的熊市初期，会与大盘走势保持同步，但到了中期和后期阶段，就会逐渐脱离大盘的走势，走出独立行情。这时候，需要对个股的价值内涵做深入分析，而不是仅仅将大盘的涨跌作为买卖的依据。

即使我们通过趋势研判找到长期上升趋势的起点，但在操作层面，我们还是要落实到买入什么股票的问题。同样是牛市，个股表现可能大相径庭，涨幅经常会相差数以倍计。而且，不同阶段的牛市，领涨的股票也不一样。在20世纪90年代初期，牛市的龙头是银行股和家电股，到了90年代末，就被网络股和科技股所取代。进入21世纪，两次牛市都在不同的阶段由不同的股票各领风骚。熊市中的反弹行情，个股表现更是千差万别，买不对股票，即使是看对了大势，依然是赚了指数不赚钱。趋势分析侧重的是大势的研判，而价值分析侧重的是个股选择，除非你以指数为标的，如沪深300ETF或股指期货等，否则，投资股市除了进行趋势分析之外，价值分析也不可偏废。

严格说来，个股走势也是按照趋势运行的，只不过价值分析可以帮助我们确定个股的趋势转变有可能是见底还是反弹。所以一个成熟的投资者，应该对技术分析和价值分析都比较熟悉，而不能偏执于某一个方面。

10.2 无法得出唯一确定性的结论

资本市场是一个复杂的开放系统，不仅系统内部的各种因素会产生相互影响，系统外部的环境变化也会给市场带来剧烈的波动，因而股市的技术分析，不可能像物理学受控实验或者抽象的数理演绎那样，得出唯一确定性的结论。事实上，股市的运行很像是在迷宫中寻找出口的游戏，每走到一个岔路口，都存在多种可能。从形态上分析，市场并不存在转向哪一个路口的必然性，某个偶发因素，就可以导致市场出现随机的变化。只有在转入某个特定的“通道”之后，才会有一段确定性的走势。在通道的出口，又会面临多重路径的选择，运用趋势判断法，我们可以预判市场最大概率会走入哪一个通道，如果市场事实上转入了另外一个方向，趋势判断法所能做到的事情，不过是事先确定转向的标准，并在确认出现转向的情况下，用尽可能短的时间做出调整。

物理学家对于量子层面的物理现象是否存在唯一确定性有过长期争论。“上帝是否在掷骰子”，是广义相对论和量子力学的古老话题，至今也没有定论。股票市场也是必然性与偶然性交织的领域，面对市场的多重可能性空间，我们目前还没有发现唯一确定性的收益最大化解决方案，只能代之以更加灵活和更具包容性的决策模式。这种不确定性背景下的测市系统，至少涉及四个层面的内容：

一、未来的变化空间

趋势判断法承认未来会发生变化，而且这些变化还具有一个广阔的区间，其中包含三个基本的子空间：乐观的状态、普通的状态和悲观的状态。投资者要根据趋势运行的状态对这三种不同的可能性空间给出自己的预期值，即各种状态出现的概率。并且建立局势转变的标准，即一种子空间转向另一种子空间的边界。一旦确认发生空间相变，就要随之转换应对的策略。

二、多重备选方案的集合

对应不同的子空间，投资者必须制定出不同的应对预案。也就是说，投资者不仅要在普通的情况下，取得尽可能好的收益，还要准备在意想不到的幸运机会来临时，不会与之擦肩而过；如果不幸出现了极端恶劣的情况，交易者也不至于束手无策。在市场的变动性、多样性和不可预知性面前，最好的办法就是制定对应不同风险系数的解决方案，以便在任何情况下都可以应付自如。

三、一组风险评估系统

当采取一个备选方案时，需要明确它在最乐观的情况下，收益几何；在最悲观的情况下，有可能损失多少。再结合各种未来状态可能出现的概率，来确定该方案的价值。

四、预留调整和纠错的空间

趋势判断法承认投资者犯错误的可能，并为这种可能预留调整的空间；承认未来会出现意想不到的变化，并为这些变化留出回旋的余地。

就好比打仗时要留有预备队，不能在一次进攻中派出所有的兵力一样。交易活动中不能轻易动用高杠杆操作，因为风险巨大，一有风吹草动，资金链就会发生断裂，局面将不可收拾。

不确定条件下的决策模式，更像是投资者与市场未来可能性空间的一个博弈，它可以用一个未来变化的空间集与多重备选方案的子集所对应的收益矩阵构成，如图 10-1 所示：

		未来变化的可能性空间		
决策者		最乐观的状态 20%	一般的状态 60%	最悲观的状态 20%
	激进方案 a	10000	1000	−10000
	平衡方案 b	5000	3000	−1000
	保守方案 c	1500	1000	20

图 10-1

图 10-1 中投资者的多重备选方案对应未来的各种变化具有不同的收益水平。其中每一个方案对应的 a、b、c 字母分别代表投资者对每种方案的风险偏好。每种未来状态下方的百分比，表示该状态出现的概率。不确定背景下的决策矩阵告诉我们，如果环境存在变数，则任何方案的优劣都是相对的。我们在绝大多数情况下，都必须为未来的变化预留回旋的空间。这也是趋势分析所能做到的最好结果。可能会让许多迷信历史必然性的投资人感到失望。但趋势分析的极限就在于此，至少到目前为止，我们没有更好的选择。

10.3 无法避开“测不准效应”

传统技术分析有一个重要的假定——“历史会重演”。这个假定基于这样一个事实，即人类逐利避害的本性不会改变，人们对于特定的价格变化的反应也不会改变，因而，历史会不断重演大体相同的剧目。这个假定涉及社会科学的一个重大问题，即未来是否可以从历史推演出来？或者换一个角度，我们是否会重复以往的错误，一而再，再而三地跳入同一个陷阱？

人类社会像所有生命现象一样，是一个不断与外界交换能量的自组织过程，这个过程也包括对过往信息的学习，表现为生命体的自我改进。严格说来，资本市场应该是人类社会这一巨大生命体的组成部分，它在每个时段的表现都与以往不同，市场参与者总是在不断地总结经验。人类历史表现为时间的单向运动，它不可能像钟摆那样简单重复过去的轨迹，时间不可逆，过去与未来在时间上存在反演破缺。事实上，市场行为模式会在交易当事人的反复博弈中不断地演变。以历史数据总结出来的传统技术分析，总会面临新的问题。特别是当市场上对“头肩顶”、“双头形”、“5 浪”、“3 浪”……几乎人人都耳熟能详的时候，市场就不会简单重复过去的轨迹。中国股市的顶和底鲜有经典意义上的“头肩顶”和“头肩底”形态出现，并且走势越来越复杂诡异，人们很难从过去的走势中找到熟悉的类型。因而趋势分析也要不断地总结经验，以应对新的市场变化。

另外，股市博弈与受控实验的经典物理学有很大的不同。人类观察星体运行和对星体运行的预测，不会对星体本身产生影响。但是对于资本市场而言，行为者与行为目标之间会产生相互作用过程，我们的预测和我们的行动（买入或卖出），都是这个市场的一部分，并且都会对我们所追求的目标——价格——产生作用。这一点股市的博弈与量子物理学有一些相似的地方。量子物理学有一个十分著名的“测不准定理”，它由著名物理学家海森堡提出。测不准定理是指：在微观物理学的亚原子水平上，由于观测源与观测对象之间不可避免地存在着能量交换，从观测源的角度不可能同时确定被观测对象的位置和运动速度。这种由双方能量交换而产生的测不准效应始终存在，不可能随观测手段的改进而逐渐降低。在股市交易中，由于交易当事人所追逐的目标同时也是当事人追逐行为的结果，它们同属于同一个反应量级，各个成员之间的博弈行为和相互作用过程比亚原子水平上的光子和电子之间的相互干扰要复杂得多。这种相互作用过程体现在两个层面：第一个层面是指观测者观察本身与被观测对象之间存在着行为互动。在市场中，观察者（同时也是被观察对象）对交易对手的探知，都会引起对方的反应。比如主力资金与一般投资者都会努力了解对方的心理，都企图通过探知对方的意图来“战胜”对方。第二个层面是指交易当事人的行为与他们的预期目标的相互作用，使行为与目标发生自我实现或自我偏离的过程。比如预期上涨的投资者如果足够多，买入行为本身就会对股价起到向上推动作用，从而使预期自我实现。而价格的上涨本身，又会反过来强化人们的预期。索罗斯将这个过程称之为“反身性”特征。用这个概念来形容市场的自我强化机制，似乎不够准确，因为经济领域中行为者和目标的关系并非“反身性”这么单调。它实际上是行为者与目标之间一系列连续不断的相互作用过程，在这个反应机制将所有能量耗尽之前，它表现为预期与目标的自我实现，而一旦能量即将耗尽，则表现为预期与目标的自我偏离。

如果一定要给这个相互作用过程下一个定义的话，则应该称之为社会经济领域的“测不准效应”。

那么，“测不准效应”的自我实现和自我偏离是如何在股市上表现出来的呢？举例来说，假如市场上风传近期某一只股票会上涨，因为该股将得到国家政策支持。尽管这只是一个谣传。但如果这个谣传影响了人们的心理预期，大家纷纷上手抢购这只股票，该股的价格可能真的会上涨。这就使得一个本来没有依据的预期行为，在与预期目标的相互作用下，导致了它的自我实现。如果这个上涨的过程可以引起资金的虹吸效应，就会在一系列自我实现的作用下，出现趋势性上涨。

自我偏离是指预期和由预期指导的行为，导致预期目标偏离原来运行轨道的过程。例如，新能源板块受到国家政策支持，市场预期投资新能源将成为一件有利可图的事情，资本市场的新能源板块受到追捧，很多传统行业也纷纷转型投资新能源，结果是大量资金涌入该领域，造成该领域低水平的重复建设，产能严重过剩，投资新能源领域的大部分资金没有回报，而二级市场的跟风买入者则全线套牢，且很长一段时间没有解套的机会。这就是人们追求预期的行为在达到相当程度的全民共识之后，导致了预期目标的自我偏离。

通过对大宗商品市场和资本市场的长期观察，笔者发现了一个有趣的现象，如果持有某一预期的人要多于持有相反预期的人，预期就会出现自我实现。但持有相同预期的人过多，比如说，超过 80%，它出现自我偏离的可能性就会加大；如果持有相同预期的人数比例超过 90%，几乎必然会引发预期的自我偏离。这是因为，当所有人都看好某一标的时，表明当前标的价格所代表的交换比例，已经超越了其他部门的重置成本（即放弃交换而自己生产的成本），即使其他部门最保守的投资人也认为保持原有投资的机会成本过高，这将不可避免地带来低效率要素的跨部门转移，形成“过剩产能”。90% 的投资人看好后市，意味着市场可用资源已经接近耗竭，随后只要有任何风吹草动，就会出现市场的逆转。我们姑且把它称之为“预期比例的逆反原理”。

传统的技术分析方法，实际上都是用历史的统计数据得出的参数，来推导未来的变化。这种方法有一定的作用：在一段趋势还没有结束时，统计参数所表示的关系还会重复出现。趋势一旦结束，原先的参数系统就不起作用了，我们的趋势测定法，就是要预先发现趋势变化的信号，并且在趋势转折的地方，调整系统参数，预测下一个趋势的轨迹。但是，如果能够运用这种方法的人足够多，太多的人得出相同的结论，进而影响大多数人的行为，按照测不准效应的原理，市场走势也会发生自我偏离。比如大多数人用趋势测市法都得出某一个点位会出现调整，这个调整点会不会提前或者错后出现呢？事实上，在资本市场，人们交换的是不同的预期。一个正确预期的实现要以别人的错误预期为前提，如果要在最低点买入，就要有人在最低点卖给你才行。同样，在最高点的卖出，也要有足够的资金在最高点接盘才可以实现。这也应该算是趋势分析的一个悖论。目前我们对这套方法还可以抱有信心的原因是，这个市场上的大多数投资人只追求结果，而不愿意深入探讨股价变动背后的逻辑。即使笔者这本书让所有人都看到，能够静下心来认真钻研的人也是少数。只要懂得这个方法的人不在媒体上公开发表预测的结果，或者多数人对这种预测结果持将信将疑的态度，就不会出现预测与目标的自我偏离现象。

10.4 人为干预下的部分失灵

除了预测与目标的相互作用过程，投资市场还有另外一种特殊现象，这就是有实力的群体对股价的运行施加影响，从而改变价格原本的运行轨迹，这个过程我们称之为“人为干预”。庄家操纵是人为干预最初始的方式，在成熟的市场，这是被作为违法行为来处理的。在中国，随着市场规模的扩大和法制建设的逐步完善，庄股时代也会逐步成为过去时。今天投资者面临的主要人为干预，是政府对股市的影响。几乎所有的政府都不会无视股价的剧烈波动，在很多时候，他们会对股市的波动制定出有针对性的政策，于是问题就出来了，拥有强大资源的政府，会对股价的运行起决定作用吗？政府的行为会不会使趋势分析失灵呢？

要回答这个问题，首先要理解政府通常会在什么时候干预股市，以及运用什么手段来干预股市。一般而言，政府干预股市，都是在市场出现极端走势的时候。在出现金融危机或出现连续非理性上涨的情况下，政府出于稳定市场的考虑，会对股市行情出手干预。在大多数情况下，这种干预是通过间接方式进行的，即通过财政、金融或产业政策来间接影响股价的涨跌。只有在极少数情况下，政府才直接入场用真金白银买卖股票。

我们先看一下政府间接干预的效果。所谓间接干预，就是政府出台相关政策，通过影响投资人心理预期的方式来影响股价的运行。由于政府政策要经过交易当事人的心理预期这个中间环节，而市场预期又涉及交易当事人的切身利益，这样一来，政府政策对股市的影响就变得十分复杂，其作用的大小主要取决于对交易当事人心理预期的改变程度。也

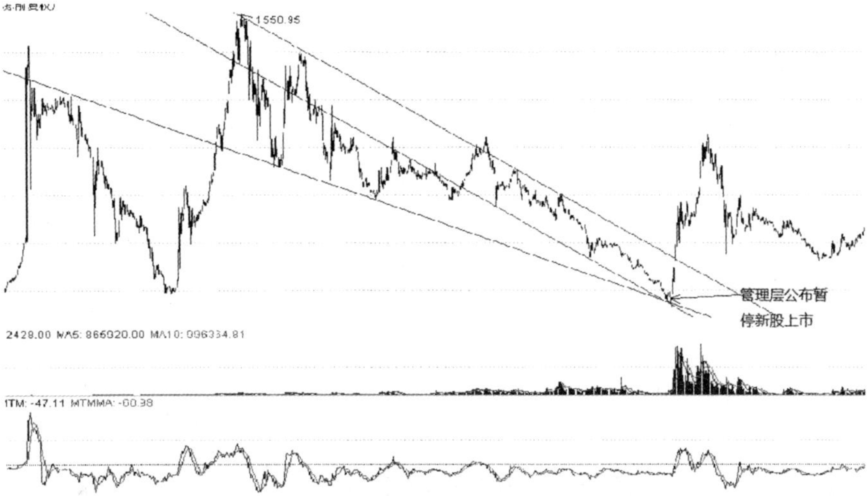

图 10–2

就是说，在趋势运行途中，如果政府政策不能改变投资人的心理预期，进而逆转资金流进流出股市的状态，就很难对原有趋势产生决定性的逆转作用。只有在一个趋势终结的位置，政府的反向调节，才能与趋势的转折相一致。典型的案例是 1994 年 7 月底沪指跌到 325 点之后的反转行情，见图 10–2。

1994 年 7 月 29 日是周五，沪指最低跌到 325 点，以十字星报收，周末，管理层宣布暂停新股上市，8 月 1 日，深沪股市应声而起，沪指的 325 点成为趋势转折点。不过那一次政策出台的时机，恰逢市场本身已经调整到位。前面我们已经分析过这个案例，沪指在 325 点已经出现见底的征兆，形态、时间、势能、量能、位置这五个维度，都同时发出买入信号。运用传统技术分析的手段也可以大体预测出这个转折点的到来。即使管理层不出台利好政策，A 股在这里也会出现趋势逆转，只不过上升的过程不会这么迅猛而已。

此后管理层又曾多次以间接方式干预股市，效果就不那么立竿见影了。1997年，中国股市从500点上行，到1000点附近官方媒体就开始以各种方式强调股市的风险，并不断发表有明确倾向性的社论，被坊间戏称为“十二道金牌”。但市场根本就不理会这一套，依然我行我素，继续顽强上攻，直到1258点才开始下跌。在短暂的暴跌之后，大盘很快又再创新高，最高见到1510点，如图10–3所示：

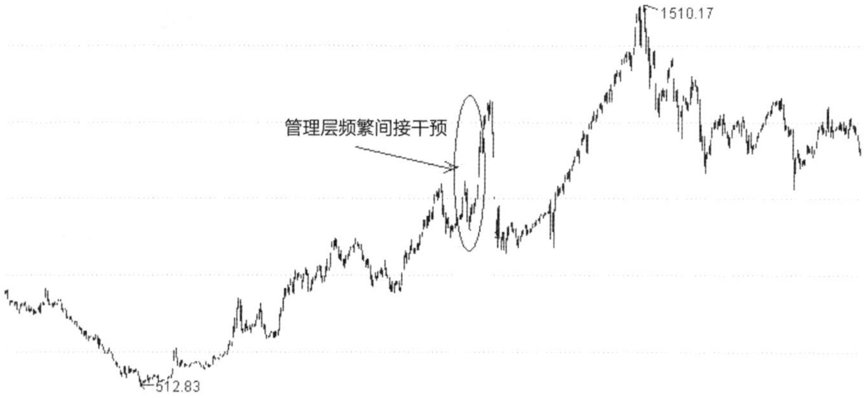

图10–3

有的读者朋友也许会问，既然股市上涨的动力来自资金的净流入，那么，政府出台直接影响资金供给的货币政策，如提高存款准备金率和提高利息率，会对市场行情产生决定性影响吗？我们可以回顾一下从2005年6月开始的牛市行情，在股权分置改革的推动下，沪指从998点一路上涨，在上升到3000点之后，管理层就通过各种方式试图抑制股市的炒作热潮。先是央行不断加息和提高存款准备金率，但消息公布之时，股市仅仅是大幅低开，然后就是迅速高走，并收出大阳。最后财政部放出“大招”，于2007年5月30日凌晨突然宣布调高证券交易印花税

200%。这无疑会极大增加 A 股市场的交易成本，但结果怎么样呢？我们看沪指的走势，如图 10–4 所示。

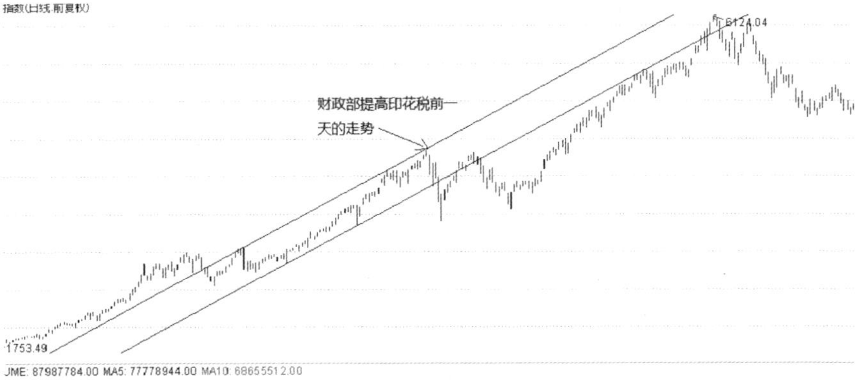

图 10–4

我们看到，在财政部公布提高印花税前一天，沪指的上涨已经触及短期上升通道的上轨，消息出台后只是做了一次顺势调整，随后又再拾升势，并一路飙升至 6124 点的历史高位。

当下跌趋势已经形成的时候，管理层的利好措施，能否改变趋势运行的节奏呢？2015 年 6 月沪指从 5178 点下跌之后，6 月 24 日关于银行业的利好消息公布。我们在消息公布之前预测反弹压力位在 4719 点，消息公布后第二天也只反弹到 4720 点就受阻回落，如图 10–5 所示。

同样是这一段走势，在 2015 年 6 月 28 日，央行宣布降息和定向降准，从分时图上看，大盘还没有走出完整的调整波，存在继续探底的可能。第二天大盘跳空高开，然后迅速掉头回落，不仅回补了跳空缺口，最终还以中阴线报收。第二天在走完形态之后才开始反弹，见图 10–5。

降息降准的消息，并没有改变股价下跌的趋势，当天只是高开低走，在第二天才完成了一个交易日的反弹，随后又开始了延伸下跌的走势。

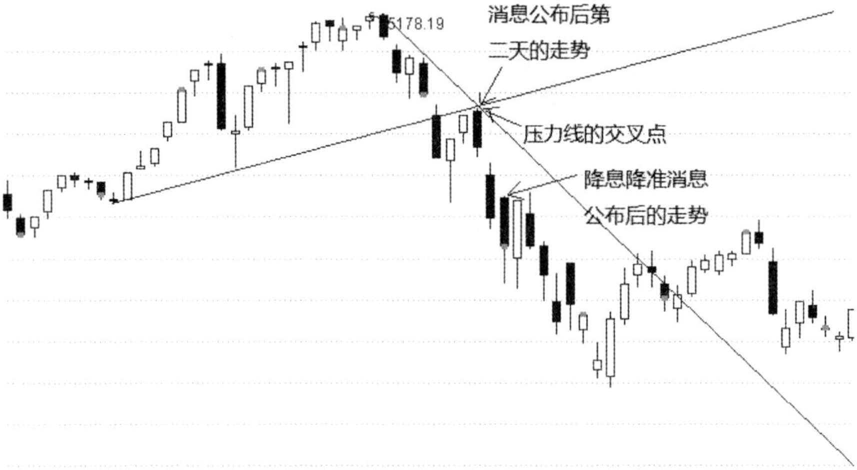

图 10–5

总结管理层间接干预股市的历史，可以得出这样的结论：当趋势已经形成时，管理层的逆势干预，并不能改变趋势的运行，只能使股价运行做出微小的修正，然后很快就重新回归原有的趋势。当上升趋势形成时，利空消息仅仅成为后续资金逢低买入的机会。在下降趋势形成时，利好会成为套牢盘的逃命机会，当股价再创新低时，还会因为政策失效而引起投资者更大的恐慌。也就是说，趋势分析的盲区并不会出现在政府政策的间接干预层面，只要趋势已经形成，突发的政策利好或利空不会使趋势分析失灵。

真正需要我们认真对待的，是管理层用真金白银直接干预股市的涨跌。这种情况在 1997 年亚洲金融危机的时候出现过，当时国际资本沽空港股，中央政府出资与之对决，最终将国际投机资本赶出香港市场。这次干预的入市点选择得比较好，当时港股已经从 12000 多点跌到了 6000 多点，基本消化了各种不利因素的影响，下档没有多少下跌的空间。中央政府的适时干预，可以说是顺势而为，取得成功也就没有什么悬念了。

2015 年 6 月以来，中国股市遇到了一个前所未有的情况，即政府动用真金白银直接入市干预股市的涨跌。通过拉抬权重股的方式来影响大盘的走势。这一次管理层出手的位置大概是在 4000 点左右，干预初衷也许和“牛市新起点”论有关，但是 4000 点并没有守住，最后 3000 点也数度易手。那么，当市场供求关系没有发生转变的情况下，管理层的“逆势操作”有什么作用呢？通过一年多的观察，笔者发现答案并非是或否那样简单。我们知道，趋势分析之所以有价值，是因为市场上的资金以逐利为行为动机，它们对价格变化的反应有一定的可预见性。如果有一部分资金（而且这部分资金的影响力足够大）完全不以赢利为目的，仅仅是为了影响指数，价格变动就不再是投资者的自然心理投射，而是添加了人为意图的变数，以及其他投资人对这种变数的反应。这样一来，很多技术位（不管是向上还是向下）都会出现假突破，见图 10–6。

图 10–6 中左侧的图形笔者在前面也曾经分析过，当双底的颈线位

图 10–6

通过拉抬指标股强行突破后，大盘并没有完成量度升幅就重回颈线位之下；随后形成的头肩顶的颈线位向下突破之后，也没有完成最低量度跌幅，又被权重股拉回到颈线位之上；楔形顶边强行突破后，又再次回到楔形内部；在突破楔形底边之后，再拉回到楔形底边之上……这就造成了趋势分析的一个盲区。本来我们是根据股价在关键位的表现来决定操作策略的，这种频繁的假突破很容易使短期的趋势分析无所适从。复盘分析中我们发现，管理层的干预虽然改变不了大的趋势，但有可能改变局部的走势，特别是在关键位置的细微变化，也会使趋势分析失去一部分准确性。对股价涨跌的分析还要叠加对权重股主力意图的猜测，这让趋势分析平添了许多主观的色彩。精心挑选有基本面支持的个股逢低买入，做个股的趋势分析，就成为应对此种局面的制胜策略。

政府究竟应该如何干预市场，笔者按照互利理论，设计了一个政府对各种市场行为的干预模型，但由于不是本书的主题，就不在这里介绍了。有兴趣的读者可以参阅笔者拙著:《互利经济学》第十三章的内容。顺便说一句，一旦这个干预模型被政府采纳，风险市场和固定收益市场将处于一个动态平衡的状态，届时，风险市场的收益率将主要来自含有风险溢价的股息收入，价值投资将成为主流。在这样一个动态平衡的市场内，差价收益这种零和博弈的方式将退居其次。由于形成趋势的原因——资金在各个市场的流动——受到限制，届时，投资者更应该关注的是个股的基本面状况，而不是股价的随机波动。游戏规则变了，行为模式也会跟着改变。这应该说是趋势分析的一个最终的极限吧。

结束语

当这部书终于完稿的时候，笔者心中颇有如释重负的感觉，好像一笔久拖不决的债务终于连本带息地偿还了。轻松之余，内心深处还生出些许庆幸。说实话，如果不是应出版社的要求，我很难下决心去写一本关于股市投资的书。直到真正动笔写作的时候才发现，以往那些自我感觉良好的想法其实都杂乱无章地纠缠在一起，有些理念还处于朦胧状态，无法形成一个清晰且相互关联的体系。正是这本书的写作，帮助笔者完成了一个原本已经放弃的心愿——对 20 多年的投资生涯做一个总结。从这个意义上说，我要感谢中国财政经济出版社的王彦浩主任，正是他的提议，让我终于下决心写出此书。在本书的编辑过程中，中国财政经济出版社的编辑张怡然，也对本书提出了许多宝贵的修改意见。同时也要感谢微博上的众多网友，是你们的支持和鼓励，让笔者在多次犹豫不决中坚持了下来。最后，还要感谢我的夫人，李京女士，是她的全力支持，此书才得以完成。

股市投资理论是一门艺术，并且还是一门不太成熟的艺术。没有任何人敢于宣称自己完全掌握了股市运行的奥秘，从而做到每一次预测都准确无误。根据笔者个人的经验，股市投资是一个需要用一生来完善的过程。只要人在股市，就需要不断向市场学习。也许由于人类智慧的限度和预期与目标的相互作用，股市分析即使在未来也很难做到100%的正确，但在前人经验的基础上，我们总是可以不断地提高投资技巧，完善测市理论，这个进步的标志就是不断地减少观测盲点，使投资成为一个更加客观的理性行为。

技术分析，不管是传统的技术分析还是笔者所介绍的趋势分析，说到底，依然还停留在“术”的层面。而投资的“道”，即一个人的修养、胸怀、担当和胆略，却不是仅仅靠“术”的研究就可以修炼达成的。在趋势没有发出卖出信号之前，有些人仅仅是因为忍受不了账面上的浮盈回撤，就过早地卖出了股票。严格说，这不是技术所能解决的问题。事实上，人们的投资心态和对金钱的看法，很大程度上左右着人们的临场决策。技术是由人来掌握的，人的性格缺陷，可能会使我们下意识地偏离趋势分析的轨道。技术分析只能解决认知的盲区，不能解决心理的盲区，所以在技术之外，还要有个人心性的修炼。理性分析与平和心态的结合，才能达到“知行合一”的境界，从而使趋势投资成为一种既可以带来金钱也可以带来乐趣的过程。

由于市场中存在着行为者与行为目标之间的相互作用，趋势分析的预测方法应该是个人行为，不太适宜将预测结果在媒体上公开发表，特别是对短期走势和位置的判断，如果媒体的传播面足够大，就有可能影响一部分投资者的行为，从而使预期目标出现自我偏离。从另一个角度来说，股市也是一个多空博弈的“战场”，将短期预期目标公之于众，相当于在战场上公开宣布自己的作战计划，这很容易被博弈的相关方所利用。事实上，真正能够给投资者带来收益的，是分享有效的投资方法，而不是每天告之以分析的结果。“授人以鱼不如授人以渔”，这也是笔者写作此书的目的所在。

说到底，投资很大程度上是个人行为，任何一种测市系统，如果没有变成投资者自己的理念，即使是知道所有的结论，也难以很好地执行，执行了也不知道如何去应对后面的变化，因为你并不知道这样做的理由。盲目地跟从，盈与亏都不明就里，投资能力不可能有任何长进。

不管怎样，这部书总算是完成了。这既是对笔者自己的一个交代，也是对各位读者朋友的一个交代。在未来的时间里，笔者的主要精力将集中在经济学的理论研究上，因为需要全身心的投入，很难有时间和精力同时兼顾股市评论。这本书出版之后，笔者会慢慢地淡出股票市场，让书中的方法继续陪伴读者朋友。不管这部书价值几何，至少笔者可以保证，书中的内容全部来自于真实体验，并且没有任何的刻意隐瞒。各位朋友阅读此书，相当于与笔者就投资理念进行一次深入的交谈，与以往仅仅看评论不同，现在读者朋友可以通过此书了解趋势分析的来龙去脉，并由自己来掌握这种分析方法了。以书相识，也是一种缘分。如果此书能给读者朋友带来一些投资上的收益，笔者将感到无比的欣慰。

陶永谊

2017 年 6 月于潮白河畔寓所